本书受到山西省晋商文化研究专项课题《新晋商参与精准扶贫的形式与动力研究》（项目编号 JSKTY201912）的支持。

庆祝中国共产党成立*100*周年·基层党建创新的山西实践书系

党建引领下新晋商
参与贫困治理研究

冀慧珍◎著

山西出版传媒集团

山西人民出版社

图书在版编目（CIP）数据

党建引领下新晋商参与贫困治理研究 / 冀慧珍著
. -- 太原：山西人民出版社，2021.9
ISBN 978-7-203-11940-1

Ⅰ.①党… Ⅱ.①冀… Ⅲ.①晋商－参与管理－扶贫
－研究－中国 Ⅳ.①F126

中国版本图书馆CIP数据核字（2021）第198007号

党建引领下新晋商参与贫困治理研究

著　　者：冀慧珍
策划编辑：张慧兵
责任编辑：周小龙
复　　审：吕绘元
终　　审：张文颖
装帧设计：张慧兵　刘　伟

出 版 者：山西出版传媒集团·山西人民出版社
地　　址：太原市建设南路 21 号
邮　　编：030012
发行营销：0351-4922220 4955996 4956039 4922127（传真）
天猫官网：https://sxrmcbs.tmall.com　电话：0351-4922159
E-mail：sxskcb@163.com 发行部
　　　　　sxskcb@126.com 总编室
网　　址：www.sxskcb.com

经 销 者：山西出版传媒集团·山西人民出版社
承 印 厂：河北盛世彩捷印刷有限公司

开　　本：710mm×1000mm　1/16
印　　张：12.5
字　　数：210 千字
印　　数：1-1000 册
版　　次：2021 年 9 月 第 1 版
印　　次：2021 年 9 月 第 1 次印刷
书　　号：ISBN 978-7-203-11940-1
定　　价：69.00 元

如有印装质量问题请与本社联系调换

总　序

2021 年是中国共产党成立 100 周年。100 年来，党领导全国人民创造了举世瞩目的伟大成就。在党的坚强领导下，山西发生了历史性的巨变，尤其是党的十八大以来，山西经济社会发展取得巨大成绩，转型发展态势强劲，政治生态持续好转。值此建党百年之际，山西大学政治与公共管理学院、城乡治理研究中心、太行干部学院联合相关专家学者，精心组织和撰写了山西基层党建一系列丛书，记录和展示了党领导山西人民创造的辉煌历史，为党的百年华诞献礼！

基层党建是党的生命力和战斗力的基础。从 1924 年山西第一个党组织成立起，在近百年的奋斗实践中，山西在基层党建方面创造、积累了许多宝贵经验，涌现出了一大批典型村庄（社区）。近些年来，山西基层党组织和广大党员干部认真学习贯彻习近平总书记视察山西重要讲话重要指示，加强党对基层工作的全面领导，狠抓基层党组织建设，在党建引领基层治理、脱贫攻坚和乡村振兴等方面产生了许多先进做法和典型经验，值得认真进行提炼总结。

本书系聚焦基层党建创新的山西实践，从五个部分展开研究。第一部分回顾历史上的山西基层党建，围绕太行抗日根据地的群众动员机制和集体化之前西沟村的党建历程两个主题，提炼历史上山西基层党建的成功经验。第二部分讲述第一书记、新晋商参与山西脱贫攻坚的生动实践。以全国 14 个集中连片特困区之一的吕梁山片区为对象，选取 100 余位驻村第一书记及其所在村庄进行深度调研，记录他们在脱贫攻坚实践中的所思、所言、所行、所获。在山西的脱贫攻坚战中，新晋商积极参与精准扶贫，表现可圈可点，其中的丰富经验值得总结。第三部分关注党建引领下山西基层治理中的创新实践。梳理和总结山西在"三治融合"的乡村治理体系建设、"三社联动"的社区治理体系建设、"文化治理"与农民公共精神培育、村民自治等方面进行的探索创新。第四部分整理山西各地党建引领乡村振兴发展的先进做法，分析实现精准扶贫与乡村振兴有效衔接、党建引领乡村振兴的内在机理，力求为推进乡村振兴提供可借鉴的样本。第五部分着眼未来，从组织建设和党员队伍建设两个视角，探讨新时代"党的建设与终身学习"的重大命题，回应科技进步等外部条件带来的冲击挑战，从理论上拓展党的建设的相关研究。

实践无止境，研究不止步。本书系的出版只是初步的尝试，基层还有许多新的实践需要及时关注。希望丛书的作者们围绕上述问题，在方法、理论等层面进行深入的探讨，争取研究更进一步。

董江爱

2021 年 6 月于山西大学

前　言

党的十八大以来，以习近平同志为核心的党中央把脱贫攻坚摆在治国理政的突出位置，举全党全国之力向绝对贫困宣战，充分发挥党的领导和我国社会主义制度的政治优势，不忘初心，坚持不懈，实施了一系列符合国情、系统科学、行之有效的重大举措，以每年1000多万人脱贫的速度，在神州大地上实现了全面建成小康社会宏伟目标，兑现了"脱贫路上一个也不能少"的庄严承诺，生动诠释了"我将无我、不负人民"的大境界大担当。贫困治理尤其精准扶贫是全面建成小康社会、实现中华民族伟大复兴的中国梦的重要保障，新时代要求新晋商在精准扶贫中有所作为，有大作为。

当前，中国特色社会主义进入新时代，我国社会主要矛盾已经转化为人民日益增长的美好生活需要和不平衡、不充分的发展之间的矛盾，贫困问题尤其是绝对贫困就是横亘在美好生活面前的一条鸿沟，消除贫困是全国人民梦寐以求的愿望。

习近平总书记强调："夺取脱贫攻坚战全面胜利，坚决完成这项对中华民族、对人类都具有重大意义的伟业。"中国脱贫攻坚的伟大成就，谱写了人类反贫困历史新篇章。据世界银行测算，按照人均每天支出 1.9 美元的国际贫困标准，改革开放以来中国共减少贫困人口 8.5 亿多人，对全球减贫贡献率超过 70%。也就是说，全球范围每 100 人脱贫，就有 70 多人来自中国。到 2020 年底，中国如期完成新时代脱贫攻坚目标任务，现行标准下 9899 万农村贫困人口全部脱贫，832 个贫困县全部摘帽，12.8 万个贫困村全部出列，14 个集中连片特困地区区域性贫困问题得到解决。这是可以载入史册的中国减贫成就，也是向世界交出的一份亮眼的中国减贫成绩单。[1]

在近年全球贫困人口不降反增、世界减贫事业遭遇瓶颈的背景下，中国脱贫攻坚取得的成就尤为可贵，给世界上为减贫事业而奋斗的人们注入了信心和力量。联合国拉丁美洲和加勒比经济委员会执行秘书巴尔塞纳评价："中国始终致力于自身消除贫困，积极开展南南合作，中国的脱贫攻坚大大加速了世界减贫事业发展。"中国创造的减贫奇迹，不仅为世界减贫事业作出重大贡献，而且有力推动人类社会发展，为世界和平稳定、繁荣发展作出巨大贡献。[2] 2021 年 5 月，联合国粮农组织统计司官员冯娟也表示，"中国自改革开放以来，极端贫困率就呈断崖式下降，如今已实现了贫困人口全部脱贫，消除了绝对贫困，成为首个提前 10 年实现联合国 2030 年可持续发展议程确定减贫目标的发展中国家，中国在减贫方面取得了瞩目成就。"

---

[1]《人类减贫的中国实践》白皮书 [EB/OL]. 中央人民政府网站，http://www.gov.cn/zhengce/2021-04/06/content_5597952.htm，2021-05-01.

[2] 任理轩. 对人类具有重大意义的伟业 [EB/OL]. 新华网，http://www.xinhuanet.com/politics/2021-02/23/c_1127127848.htm，2021-02-25.

治国有常，而利民为本。8 年来，要应对国际金融危机的挑战，更要克服突如其来的新冠肺炎疫情的肆虐，在山西省委、省政府的统一领导下，经过艰苦卓绝、驰而不息的奋斗，山西人民和全国人民一起如期完成了精准扶贫、脱贫攻坚的任务，现行标准下农村贫困人口全部脱贫，贫困县全部摘帽，其中，新晋商表现卓越，做出了突出的贡献，多次受到党中央的嘉奖。

习近平总书记 2017 年视察山西时，高度评价晋商精神，"山西自古就有重商文化传统，形成了诚实守信、开拓进取、和衷共济、务实经营、经世济民的晋商精神"。晋商精神不仅在于创造财富，更体现在和衷共济、以义制利，明清晋商造桥铺路、捐资办学、扶贫济困、造福桑梓、为国分忧的事例比比皆是。《中共中央国务院关于打赢脱贫攻坚战的决定》要求"鼓励支持民营企业、社会组织、个人参与扶贫开发"，新晋商投身精准扶贫，是贫困治理的题中应有之义。精准扶贫是粗放扶贫的对称，是指针对不同贫困区域环境、不同贫困农户状况，运用科学有效程序对扶贫对象实施精确识别、精确帮扶、精确管理的治贫方式，是当代贫困治理模式的创新和卓越手段。党建引领、政府领导精准扶贫不仅确保了脱贫攻坚取得全面胜利，而且有力提升了国家治理体系和治理能力现代化水平，丰富和发展了新时代中国共产党执政理念和治国方略。

由于强调区域环境的特殊性和扶贫方式的精准性，新晋商投身于山西本地的精准扶贫，本身就应当成为脱贫攻坚的重要组成部分。山西是我国脱贫攻坚重点省份之一。全省近一半县是贫困县，贫困地区多数分布在沟壑纵横、自然条件恶劣的太行山和吕梁山两大连片特困地区。在山西省的脱贫攻坚战中，新晋商是一支重要的力量。他们在"千企帮千村"精准扶贫行动、光彩事业、公益慈善事业等方面都积极有为、可圈可点，通过产业扶贫、技能扶持、促进就业、扶老携弱、助学助教、应急救灾等途径，发挥了重要作用，为推动山西省经济社会全面发展，打赢精准脱贫攻坚战、全面建成小康社会做出突出贡献。值此脱贫攻坚取得重大胜利的时刻，总结党建引领下新晋商参与精准扶贫、贫困治理的经验和特征具有丰富的研究价值。

全书分为五章，第一章重在探讨党建引领贫困治理的理论基础。新中国成立以来，减贫便是国家发展的一条主线，体现了中国共产党以人民为中心的执政理念和社会主义的本质。从1949年建立新中国至今，中国共产党带领全国人民与贫困作斗争的历程可分为4个阶段，每个阶段各有特点。在长期减贫尤其是脱贫攻坚阶段，我们交出了令全世界瞩目的答卷，向世界贡献了中国经验，体现了如下内在逻辑：党建引领贫困治理是在建立和完善社会主义市场经济体制的背景下进行的，党建引领贫困治理是在不断增强人民获得感的过程中实现的，党建引领贫困治理是铸牢中华民族共同体意识的有力支撑，党建引领贫困治理的过程也是培养贫困群体可行能力的过程，党建引领贫困治理的过程是多方参与、共同致富的过程。

第二章讨论党组织在民营企业中的建立和发展。其中介绍了民营企业党建工作的过程、特征、问题以及完善途径。首先对我国民营企业党建工作进行了梳理，提炼了我国民营企业党建的4个特征，即民营企业党建的差异性、层次性、阶段性、整体性，并总结了民营企业党建的实践经验，分析了我国民营企业党建中存在的问题，提出了完善民营企业党建的途径。

第三章主要总结新晋商参与贫困治理的实践。新晋商积极响应国家和省委省政府的号召，主动参与贫困治理，形成了产业扶贫、金融扶贫、技能扶贫、就业扶贫、公益扶贫以及易地扶贫搬迁等扶贫模式，创新了扶贫形式，丰富了扶贫内涵，取得显著的社会经济效益。作为山西省脱贫攻坚中一支独特且重要的扶贫力量，新晋商参与贫困治理取得成功，党建引领是关键，政府领导是保障，企业自身发展是基础，因地制宜发展产业是重要举措。

第四章探讨党建在新晋商参与贫困治理中的引领作用。党建引领下的新晋商参与精准扶贫有着众多优势，在帮助解决山西贫困地区的组织基础和发展能力等方面有着核心引领作用：政治建设为新晋商的发展指明根本方向，坚定扶贫信念；组织建设凝聚力量，促进新晋商脱贫攻坚事业完美落幕；制度建设规范扶贫细节，量身定制扶贫措施；完善服务机制，促进政策上传下达，切实保障群众诉求；引导社会价值风向，引领社会思潮；发挥统战力量，动员社会组织，携手迈入小康。

第五章是党建引领下新晋商参与相对贫困治理研究。党建引领下贫困治理的经验价值和新晋商在精准扶贫中取得的突出成就为新晋商参与相对贫困治理奠定了坚实的政策基础、产业基础和人才基础。后扶贫时代，新晋商参与相对贫困治理面临新的内外部环境，贫困对象、治理环境、治理目标都发生了变化，因此，新晋商投身参与相对贫困治理要坚持党建引领、强化责任担当、提高治理水平，将脱贫攻坚中新晋商参与相对贫困治理的探索经验转换为后扶贫时代新晋商参与相对贫困治理的有效路径，逐步探索形成相对贫困治理的"新晋商方案"。

本书通过观察以新晋商为代表的民营经济在贫困治理尤其是精准扶贫中的角色和表现，凝练总结其形式、特征和途径，试图实现以下研究意义：第一，作为精准扶贫、贫困治理的经验研究，总结十八大以来"新"的扶贫模式与旧模式相比优势何在，并以此优势推动山西省地方经济在新的百年高质量发展；第二，新晋商在党建引领下积极参与精准扶贫，是其担当社会责任的体现，本书希望以新晋商为支点，撬动对民营企业参与精准扶贫的动力和条件研究，在此基础上探讨如何构建"亲"和"清"的新型政商关系，如何塑造既有利于民营经济发展又有利于整体社会经济良性发展的双赢营商环境；第三，挖掘、总结和弘扬传统晋商精神，并在历史传承基础上讲好新时代的新晋商故事、传播好新时代的新晋商声音、塑造好新时代的新晋商形象。

目　录

第一章　党建引领贫困治理的理论基础

反贫困是人类社会发展至今的内在动力，人类的发展历史就是一部反贫困历史，没有反贫困就不会有人类社会的进步。正因如此，中国共产党特别重视与贫困作斗争，尤其是新中国成立以后，党带领全体人民勇于探索，砥砺奋进，将这个世界上贫困人口最多的国家全面建成小康社会，使绝对贫困在这片土地上成为过去式。全面建成小康社会，并不是结束，而意味着新的反贫困征程的开始，对人类反贫困历史上的这一伟大创举，研究总结党领导全体人民包括民营企业参与贫困治理的经验，提炼内在的逻辑规律，对于以后相对贫困治理及乡村振兴和国家治理能力现代化都颇有意义。

第一节　新中国党建引领贫困治理的历程

新中国成立以来，包括贫困治理在内的经济发展便成为国家发展的一条主线，虽然在少数特定时期也有过偏移和忽视，但总体上说发展生产、发展经济、消灭贫困是中国共产党的执政重点内容，体现了以人民为中心的执政理念，在减贫基础上实现共同富裕，是社会主义本质的体现。

一、1949—1977 年：互助兜底式救济阶段

新中国成立时，经济羸弱，社会混杂，百废待兴。当时的经济结构主要体现为以农养工的重工业优先发展战略[1]，城乡二元分割是当时社会结构的

---

[1]孙照红.新中国成立以来我国贫困治理的历程、特点和趋向[J].中国延安干部学院学报，2020（5）：49-55.

主要特征，由于计划经济的影响，当时贫困问题主要集中于农村地区，农村物资匮乏、经济结构单一而薄弱，造成广大农民普遍贫困的状况，其中最为困难的是后来的"五保户"群体。

农村减贫的主要依托是农民几乎全员加入的农业合作社，1956 年的《高级农业生产合作社示范章程》规定："合作社要对遭到不幸事故、生活发生严重困难的社员酌量给以补助；对于老、弱、孤、寡和残疾社员，要在吃、穿、柴火、教育、死后安葬等方面提供保障，使他们生养死葬都有依靠。"这项规定历经延续、修订，后来发展成为农村五保制度和特困人员供养制度。

这一时期农村减贫政策呈现出以下特征：第一，责任承担表现为国家兜底和民间互助相结合，如农村五保制度的责任主体主要是农业合作社（生产小组也承担一定程度的互助救济任务），从根本上说，当时的救济是一种国家制度保障基础上的民间互助形式；第二，权利主体是特定的极为贫困和弱势的少数人群，他们不仅在物质和经济上处于劣势，而且在健康状况、劳动能力、家庭关系、社会资本等方面也极其贫弱，包括残疾人士、孤苦无依的老者以及鳏寡孤独等弱势群体；第三，救济形式体现为多方面、多种类，既包括金钱和物质的给付，也包括服务等的提供；第四，救济层次限于最基本、最低层次，是以保障生存为目的的兜底性保障。

二、1978—1985 年：体制改革驱动的贫困救济阶段

1978 年中国共产党十一届三中全会召开，拉开了中国改革开放的序幕，也宣告中国要向贫困开战，走向富裕。邓小平曾说："不坚持社会主义，不改革开放，不发展经济，不改善人民生活，只能是死路一条。"[1] 改革开放、发展经济从一开始就是和改善民生联系在一起的，是社会主义本质的体现，是坚持走社会主义道路的体现。新中国成立后 30 年积累的全部国有企业的固定资产原值为 4892.5 亿元，而"文化大革命"十年间我国国民收入损失就达

---

[1]人民网，[EB/OL].http://cpc.people.com.cn/n1/2016/0113/c69113-28046361.html，2021-04-25.

5000 亿元。[1] 对此，邓小平有着清醒的认识："我们要搞中国式的现代化，我们还很穷，就是要老老实实地创业，就是要吃点苦，否则不可能有今后的甜。人民生活只有随着生产的不断发展，才能得到逐步改善。"[2] 1978 年，安徽省委通过《农村工作六条（草案）》，简称"省委六条"，突破三级核算、队为基础的老框框，提出"联产计酬"。之后，安徽农村尝试"借地度荒""四定一奖"等承包方式，以及 1978 年 11 月凤阳小岗村的"包干到户"，农村成为改革的突破口。

与此同时，农村乡镇企业在 20 世纪 80 年代初期异军突起，迅速发展。随着包产到户的实施，农村劳动力被极大解放，正如费孝通所说，原来在公社制度下闲置和浪费掉的劳动力由农民积极自发地变成了生产力，乡镇企业的兴起标志着中国农村工业化的起点，改革开放后实行的市场经济使这些已获得公开身份的而又不在计划经济控制之下的乡镇企业得到一个独特的发展机遇。[3]

1982—1985 年，中共中央连续 4 年以"一号文件"形式通过了有关农村工作的文件，被称为四个"一号文件"，成为我国农村改革的重要依据，其中，对农村反贫困也进行了相应的规定。如 1982 年 1 月 1 日，中共中央发布《全国农村工作会议纪要》，此为第一个"一号文件"，除了肯定了包产到户、包干到户的"双包"做法，还指出生产大队和生产队等集体经济组织，应保留"照顾烈属军属和安排困难户的生产、生活等"经济职能，公社、大队还应做好社会救济、教育卫生、计划生育等工作。1983 年 1 月 2 日颁布了《当前农村经济政策的若干问题》，除肯定了"家庭联产承包责任制"，还对困难地区的发展做出专门批示："目前有些边远山区和少数民族地区，生产水平仍然很低，群众生活还有很多困难。必须给予高度关注，切实加强工作，力争尽快改变贫困面貌。对这些地区，在各项政策上，要比其他地区更加放宽；在生产上要发挥当地资源的优势，并有效利用国家财政扶持，开展多种经营，

[1]张湛彬.党和国家工作重点转移到经济建设上来的决策[J].当代中国史研究，1999（3）：61-69.
[2]中共中央文献研究室.邓小平年谱（1975—1997）（上）[M].中央文献出版社，2004:588.
[3]费孝通.论中国小城镇的发展[J].中国农村经济，1996（3）：3-5.

以工代赈，改变单纯救济的做法。注意改善交通条件，解决能源困难，防治地方病，办好教育等。"

1982年召开的中共十二大报告也关注到贫困问题："在农村中的一部分低产地区和受灾地区，农民还很贫困，要积极扶助他们发展生产，增加收入，城镇居民中，在工资、就业、住宅和公用设施等方面都还有许多问题需要解决。"[1] 在此精神指导下，1982年12月，我国开始了新中国第一个专项扶贫工作，即"三西"地区农业建设扶贫工程。素有"苦瘠甲天下"的"三西"地区指的是甘肃河西地区19个县（市、区）、甘肃中部以定西为代表的干旱地区20个县（区）以及宁夏西海固地区8个县，共计47个县（市、区）（1992年扩大到57个），总面积约38万平方千米，农业人口1200万人，农村贫困率高达74.8%。"三西"工程决定，从1983年开始，计划用10年时间，由中央财政每年拨款2亿元专项资金，用于"三西"地区农业基础设施建设。

1984年9月30日，中共中央、国务院以中发[1984]19号文件形式出台了《关于帮助贫困地区尽快改变面貌的通知》，这是第一个由中共中央、国务院发出的以摆脱贫困为目标的文件，根据该文件，中央划定了18个需要重点扶持的贫困地区，后来被人们称为"老、少、边、穷"地区，这些地区成为长期扶贫的重点地区。同时，这个阶段还开始了实物形式的"以工代赈"扶贫活动，取得一定成效。

因此可以看出，在这个阶段，贫困救济的开展是以经济开放为契机，以中央文件为基本遵循，以农村为反贫困突破口，以特别贫困地区和贫困人群为重点展开的。

三、1986—2012年：开发式扶贫和社会救助并行阶段

1986年5月16日，国务院贫困地区经济开发领导小组成立，标志着中国反贫困机构正式确立，中国农村反贫困的组织体系和政府主导、自上而下的贫困治理模式也就此形成。各省、自治区、直辖市和地（市）、县级政府也

---

[1]胡耀邦在中国共产党第十二次全国代表大会上的报告，中国共产党新闻网[EB/OL].http://cpc.people.com.cn/GB/64162/64168/64565/65448/4526430.html，2021-04-25.

相继成立了贫困地区领导小组，并配备了专职人员。自上而下扶贫开发领导小组的设立，不仅意味着我国农村反贫困工作有了制度和组织保障，也意味着我国的反贫困工作成为一项独立的社会工程和政府责任，标志着中国开发式扶贫的开始。

对贫困的划定逐渐科学化，开始设置贫困线来定义贫困。国家统计局开始利用全国农村住户抽样调查数据进行贫困标准及扶贫效果等有关问题的研究和测算，农村贫困监控系统逐渐形成，成为中国区域开发式扶贫的重要组成部分。根据农村人均年收入和县级单位的财政状况，第一次划出国定贫困县标准，共评定了 258 个国家级贫困县。自此，我国展开了以"县"级为单位的扶贫行动。

1986—1993 年区域扶贫开发在政府逐年加大资金投入的条件下取得明显成效。20 世纪 80 年代中期，政府每年向贫困地区投入的专项资金是 40 亿元；90 年代初，资金数额已提升至每年 60 亿至 70 亿元。1986—1993 年，中国贫困县农民的人均年收入从 208 元上升到 483.7 元，兴办了 80 多万个果、茶、桑等经济园和 5 万余个乡镇企业。中国农村贫困人口由 1.25 亿人下降到了8000 万人，每年减少 640 万人，年均递减 6.2%，贫困发生率从 14.8% 下降到8.7%。[1]

同时，为解决 8000 万人的贫困问题，20 世纪 90 年代中期，中共中央、国务院相继出台了两个纲领性文件，即 1994 年的《国家八七脱贫攻坚计划（1994—2000 年）》和 1996 年的《关于尽快解决农村贫困人口温饱问题的决定》，标志着中国扶贫进入规范化和制度化阶段。尤其是《国家八七脱贫攻坚计划（1994—2000 年）》是农村扶贫开发的指导性纲领，决定用 7 年的时间解决 8000 万农村贫困人口的绝对贫困问题。在这两份纲领性文件的要求下，我国重新调整了国定贫困县的标准，确定了扶贫开发分级负责、以省为主的首长负责制，推进了社会扶贫的发展。制定了资金、权利、任务、责任"四到省"的原则，逐年增加了财政投入，制定了扶贫到村到户、定点扶贫和对

---

[1]向德平，刘凤，向雪琪.中国减贫行动（1978—2018）[M].武汉出版社，2018：45.

口扶贫政策，激发社会活力，鼓励社会参与，强调区域间的协作。

进入 21 世纪，我国对扶贫工作做了新的部署，2001 年 11 月 29 日至 30 日，中共中央在北京召开扶贫开发工作会议，对 21 世纪第一个十年的扶贫工作做了规划。国务院颁发了指导扶贫的第二个纲领性文件《中国农村扶贫开发纲要（2001—2010 年）》，对未来十年的扶贫事业进行勾画，提出了中国农村扶贫开发的战略目标、指导方针、具体措施，力求"消灭贫穷，达到共同富裕"，让贫困人群实现"不愁吃、不愁穿，保障其义务教育、基本医疗和住房"。2010 年底，中共中央、国务院发布了第三个指导扶贫的战略性文件《中国农村扶贫开发纲要（2011—2020 年）》，其中提出坚持政府主导，坚持统筹发展，更加注重转变经济发展方式，更加注重增强扶贫对象自我发展能力，更加注重公共服务均等化，更加注重破除制约发展的突出问题，努力推动贫困地区经济社会更好更快发展。为实现这些目标，主要采取了整村推进、劳动力转移培训、产业化扶贫等措施。

值得注意的是，开发式扶贫推进的同时，以最低生活保障制度为核心的社会救助制度也逐渐形成。20 世纪 90 年代，随着社会主义市场经济体制的逐步建立，国有企业改革的推进带来大批下岗失业人员，与此同时，农村贫富差距增大，为解决迅速增加的城乡贫困人口，分别在农村和城市探索最低生活保障制度。最低生活保障是指国家对共同生活的家庭成员人均收入低于当地最低生活保障标准，且符合当地最低生活保障家庭财产状况的家庭，给予最低生活保障。1993 年上海市在全国率先建立最低生活保障制度，至 1996 年在全国范围内铺开。1999 年 9 月，《城市居民最低生活保障条例》经国务院审定并于同年 10 月 1 日在全国施行，意味着城市居民最低生活保障制度在全国范围内全面推行，是我国社会救助工作发展的一个重要标志。1992 年，山西省左云县试点农村最低生活保障制度。1994 年，山西省在阳泉市开展了建立农村社会保障制度的试点，并于当年 6 月颁布实施了《阳泉市农村社会保障试行办法》，规定县、乡、村根据各自经济发展的不同状况，确定基本保障线，对生活在基本保障线以下的贫困户，以户建档，逐年核定，实行救济，使其生活水平达到基本保障线。2007 年国务院发布《关于在全国农村建立最低生活保障制度的通知》，农村最低生活保障制度也随之建立并逐渐成形。最低生活保障制度满足了市场经济体制下的社会发展需要，促进了社会公平；基本满足了贫困人口的生存需要，有效缓解贫困问题；有利于形成良好的社会心理，维护社会稳定。

四、2013—2020 年：精准扶贫贫困治理阶段

减贫是一个历史性难题，也是一个世界性难题。国际经验表明，当一国贫困人口数占总人口 10% 以下时，减贫就进入"最艰难阶段"。2012 年年底，我国贫困发生率为 10.2%，减贫进入"最艰难阶段"。[1]2013 年 11 月，习近平在湖南省花垣县十八洞村考察时第一次提出"精准扶贫"，并宣布 2020 年全面消除绝对贫困的贫困治理目标。为了实现这一目标，他之后又在各种重要场合对精准扶贫进行了补充和阐述，多次强调扶贫开发"贵在精准，重在精准，成败之举在于精准"。

2014 年 1 月 25 日，中共中央、国务院颁发《关于创新机制扎实推进农村扶贫开发工作的意见》，明确提出建立精准扶贫工作机制。随后，从顶层设计、总体布局到工作机制等形成一套比较完备的制度保障。自此，扶贫对象从瞄准区域性贫困到贫困县，到"整村推进"，再到扶贫入户、帮扶到贫困个体，扶贫开发工作正在经历从面到点、由粗到细，逐步做实落地的过程。[2]

为实现精准扶贫的目标，以"六个精准"为基本要求，"五个一批"为主要途径的贫困治理方式在全国推行。"六个精准"是指扶持对象精准、项目安排精准、资金使用精准、措施到户精准、因村派人精准、脱贫成效精准。提出"要坚持因人因地施策，因贫困原因施策，因贫困类型施策，区别不同情况，做到对症下药、精准滴灌、靶向治疗，不搞大水漫灌、走马观花、大而化之"，要求扶贫工作"扶真贫、真扶贫"。"五个一批"则是通过"发展生产""易地搬迁""生态补偿""发展教育""社会保障"等多种途径和渠道帮

[1]任理轩.书写人类发展史上的伟大传奇[N].人民日报，2021-02-22（9）

[2]张瑞敏.中国共产党反贫困实践研究（1978-2018）[M].人民出版社，2019:278.

助贫困人口脱贫，构造立体扶贫模式。

另一种贫困治理方式即社会救助也在这一时期获得长足发展，制度体系框架基本成型。在多年探索的基础上，2014 年 2 月，国务院颁布《社会救助暂行办法》，其中规定了 8 项救助制度：最低生活保障、特困人员供养、医疗救助、教育救助、受灾人员救助、临时救助、住房救助、就业救助。2014 年 10 月，国务院下发《关于全面建立临时救助制度的通知》，决定全面建立临时救助制度，解决城乡困难群众突发性、紧迫性、临时性生活困难。2016 年 9 月，国务院办公厅转发民政部、国务院扶贫办等部门《关于做好农村最低生活保障制度与扶贫开发政策有效衔接的指导意见》，以切实做好农村最低生活保障制度与扶贫开发政策有效衔接工作。2017 年 1 月，民政部、财政部等部门发布《关于进一步加强医疗救助与城乡居民大病保险有效衔接的通知》，强调做好医疗救助和大病保险的制度衔接。2017 年 10 月，党的十九大召开。习近平总书记在党的十九大报告中强调，要"兜底线、织密网、建机制"，完善社会救助制度，实现"弱有所扶"。2018 年 1 月，为全面贯彻落实党的十九大精神，进一步加强和改进临时救助工作，民政部、财政部发布《关于进一步加强和改进临时救助工作的意见》，着力加强和改善临时救助制度，兜住民生底线。2019 年 1 月，为充分发挥社会救助托底线、救急难作用，切实保障生活困难下岗失业人员基本生活，民政部发布《关于进一步加强生活困难下岗失业人员基本生活保障工作的通知》，明确要求进一步加强相关制度衔接，为困难群体提供综合型帮扶。2020 年 8 月，中共中央办公厅、国务院办公厅印发了《关于改革完善社会救助制度的意见》，要求用 2 年左右的时间，健全分层分类、城乡统筹的中国特色社会救助体系，在制度更加成熟更加定型上取得明显成效。社会救助法制健全完备，体制机制高效顺畅，服务管理便民惠民，兜底保障功能有效发挥，城乡困难群众都能得到及时救助。到 2035 年，实现社会救助事业高质量发展，改革发展成果更多更公平惠及困难群众，民生兜底保障安全网密实牢靠，总体适应基本实现社会主义现代化的宏伟目标。

经过 8 年持续努力，2020 年中国现行标准下农村贫困人口全部脱贫，贫困县全部摘帽，消除了绝对贫困和区域性整体贫困，近 1 亿农村贫困人口实现脱贫，为全球减贫事业作出重大贡献。脱贫攻坚的重大胜利，为实现第一个百年奋斗目标打下坚实基础，极大增强了人民群众获得感、幸福感、安全感，彻底改变了贫困地区的面貌，改善了生产生活条件，提高了群众生活质量，"两不愁三保障"全面实现。党中央决定，脱贫攻坚目标任务完成后，对摆脱贫困的县，从脱贫之日起设立5年过渡期。过渡期内要保持主要帮扶政策总体稳定。对现有帮扶政策逐项分类优化调整，合理把握调整节奏、力度、时限，逐步实现由集中资源支持脱贫攻坚向全面推进乡村振兴平稳过渡。[1]

第二节　党建引领贫困治理的内在逻辑

民心是最大的政治。中国共产党自成立以来就把为人民谋幸福、为中华民族谋复兴作为自己的初心和使命。2017年6月，习近平在山西考察时指出："我们党干革命、搞建设、抓改革，都是为了让人民过上幸福生活。"2020年5月，他再次来到山西考察时强调："中国共产党把为民办事、为民造福作为最重要的政绩，把为老百姓做了多少好事实事作为检验政绩的重要标准。"[2]贫困问题关系到人民生活水平、社会主义现代化强国和民族复兴以及人类大同的实现，是"建设一个新世界"的重要内容和体现。在全面建成小康社会的征途中，应对新形势新挑战，精准扶贫、脱贫攻坚，就成为中国共产党人不可回避的时代课题，面对这个课题，我们交出了令全世界瞩目的答卷，回应了人民关切，向世界贡献了中国经验。

---

[1]中共中央 国务院关于全面推进乡村振兴加快农业农村现代化的意见. 中华人民共和国中央人民政府网站[EB/OL].http://www.gov.cn/zhengce/2021-02/21/content_5588098.htm，2021-04-28.

[2]习近平在山西考察时强调全面建成小康社会 乘势而上书写新时代中国特色社会主义新篇章，中华人民共和国中央人民政府网站[EB/OL].http://www.gov.cn/xinwen/2020-05/12/content_5511025.htm，2021-05-03.

一、党建引领贫困治理是在建立和完善社会主义市场经济体制的背景下进行的

建党百年来，中国共产党带领中华民族从站起来，到富起来，再到强起来，经历了革命、建设、改革三大实践主题的转换[1]。1978 年我国国家建设进入新的时期，大力发展生产力、摆脱贫困逐渐成为举国上下当务之急的任务和目标。邓小平指出"实现四个现代化，是一场根本改变我们经济和技术落后面貌，进一步巩固无产阶级专政的伟大革命。这场革命既然要大幅度地改变目前落后的生产力，就必然要多方面地改变生产关系，改变上层建筑。"[2]自此，发展市场经济成为中国改革的一大起点，市场带来竞争，竞争带来活力，计划经济的壁垒逐渐被打破，中国经济开始走向复兴之路。

改革开放以后，联产承包责任制的全面推行使农民的生产积极性及劳动热情空前提高，农业生产迅速增长，为农村非农产品的发展提供了良好的物质条件，另一方面农业劳动生产率的迅速提高又使大量农村劳动力从土地的束缚中解放出来，迫切需要大力发展非农产业予以吸收。在这种情况下，从 1978 到 1983 年，社队企业在全国各地广泛地兴办了起来。到 1983 年社队企业共吸收农村劳动力 3235 万人，比 1978 年增长 14.4%；总产值从 1978 年的 493 亿元增加到 1983 年的 1017 亿元，年均增长速度为 21%。与此同时，农村个体、联户办企业也悄然兴起并逐渐发展壮大。1984 年中央 4 号文件将社队企业正式改称为乡镇企业，对家庭办和联户办企业及时给予了充分的肯定。国家对乡镇企业采取了更加积极扶持的政策，企业在组织生产、产品销售等方面获得了较大的自主权，乡镇企业进入了第一个全面发展的高峰期。1986年、1987 年仅用两年的时间，就超额完成了"七五"计划的产值目标。到 1988 年企业个数达 1888 万个，从业人数达 9546 万人，总收入达 4232 亿元，4 年间乡镇企业数平均每年增长 52.8%，从业人数平均每年增长 20.8%，总收

---

[1]冯灵芝.中国共产党初心使命的百年发展逻辑与历史经验[J].南京社会科学，2020（10）：10-15.
[2]中共中央文献研究室编.邓小平年谱（1975—1997）（上）[M].中央文献出版社，2004:399.

入平均每年增长 58.4%。[1]

从 1983 年 1 月 2 日中央发布的农村工作"一号文件"中对私营经济的默许态度"不要提倡，不要宣传，也不要急于取缔"，到 1997 年党的十五大"非公有制经济是我国社会主义市场经济的重要组成部分，对个体私营等非公有制经济要继续鼓励、引导，使之健康发展""公有制为主体、多种所有制经济共同发展"的基本经济制度的确定，其中的重要历史关头，邓小平发表了南方谈话[2]，澄清了计划与市场的关系，社会主义的本质等重大理论问题，为中国探索市场经济道路，发挥市场经济活力注入了强大的精神动力，进一步激发了市场经济的活力，确立了社会主义市场经济体制的基本框架。赋权于广大贫困农民并提供市场参与机会，是改革开放初期我国实施以体制改革促进减贫为主、以救济式为辅的贫困治理政策体系能够实现大规模减贫的重要原因之一。[3] 之后，中国经济走上腾飞之路，人均 GDP 增长率多年超过 12%。随着市场经济的发展，中国社会结构从普遍贫穷变为出现贫富差距，而且伴随着国企改革带来的下岗失业、区域性贫困、地区发展不均衡、城乡差别等现象，这些问题明显无法凭借"涓滴效应"自然而然地解决。

伴随着社会主义市场经济体制的逐步建立，中国共产党领导的贫困治理也分批分层开始了，以下岗职工为主体的城市贫困、"老少边穷"地区及广大农村的贫困、从农村涌入城市的农民工以及城市新贫人口等都成为贫困治理的对象。"效率优先，兼顾公平"的发展理念也被不断超越和修改，底线公平、生存权和发展权、政府责任等逐渐成为主流话语，并成为贫困治理的理论基础。江泽民曾经指出："我们的政府是人民的政府，帮助贫困地区群众脱贫致富，是党和政府义不容辞的责任"[4]，"我们党和国家开展扶贫开发，努力解决贫困人口的生产和生活问题，是我国社会主义制度优越性的一个重要体现，

[1]国家统计局.乡镇企业异军突起,

http://www.stats.gov.cn/ztjc/ztfx/xzg50nxlfxbg/200206/t20020605_35964.html，2021-03-20.

[2]邓小平.邓小平文选（第三卷）[M].人民出版社，1993：370-383.

[3]黄承伟，覃志敏.我国农村贫困治理体系演进与精准扶贫[J].开发研究，2015（2）：56-59.

[4]江泽民.江泽民文选（第三卷）[M].人民出版社，2006：250.

极大地坚定了全国各族人民建设有中国特色社会主义的信心。"[1] 同时，中央也充分认识到消除贫困对于保持稳定的重要意义，"历史的经验证明，贫困往往成为一个国家、一个地区政治动荡和社会不稳定的重要根源。如果不能逐步消除贫困，一个国家就难以长期保持社会稳定；没有稳定，根本谈不上经济社会发展"。[2] 因而，在逐步建立完善社会主义市场经济体制的过程中，贫困治理也取得不菲成绩，从 1978—1985 年，农村贫困人口由 2.5 亿人减少到 1.25 亿人，农村贫困发生率由 31% 下降到 15%。[3]

二、党建引领贫困治理是在不断增强人民获得感的过程中实现的

2015 年，习近平在中央全面深化改革领导小组第十次会议上首次提出"获得感"这一概念，此后获得感一词广泛流行固化，与"幸福感""安全感"成为新时代的"民生三感"。获得感强调人民群众的利益得到维护，是一种实实在在的满足感和成就感。党的十九大报告做出"中国特色社会主义进入新时代，我国社会主要矛盾已经转化为人民日益增长的美好生活需要和不平衡不充分的发展之间的矛盾"的重大创新性理论判断，指出要"使人民获得感、幸福感、安全感更加充实、更有保障、更可持续"。

获得感一般是指基于客观获得基础上的主观感受，既有物质层面的获得与满足，也有精神层面的获得与满足：第一，获得感以"获得"作为前提。"获得感"必是先"获得"而后才有"感"，因此，有所获、有所得是产生"获得感"的前提与基础。"获得"强调的是实实在在、真实可见的物质利益的获得，没有"获得"，"获得感"也只能成为无源之水，失去立足之基。第二，获得感是主体的主观感觉或感受。"获得感"虽然以客观的物质获得作为基础，但最终还是归于主体精神上或者内在的主观感受，是主体基于一定标

[1]江泽民.江泽民文选（第三卷）[M].北京：人民出版社，2006：248.

[2]江泽民.论社会主义市场经济[M].北京：中央文献出版社，2006:448.

[3]中国发展研究基金会.在发展中消除贫困：中国发展报告 2007[M].北京：中国发展出版社，2007：4.

准而得出的关于自身满足与否的价值感受，而且，这种感受往往是一个因人而异、因时而异、因地而异的相对变量。第三，获得感强调人的主体性。主体性是指人在实践过程中表现出来的能力、作用以及地位，即人的自主、能动、有目的地活动的地位和特性。主体性的实现往往需要通过参与体现。只有个体真正参与到某一行动过程中，通过参与表达自身的诉求，体现自身的主体性，进而获得身心上的满足，个体才能够真正享有获得感。第四，获得感具有可持续性。获得感以客观获得作为基础，而客观获得意味着不仅是当下能够获得，还要保证在未来至少是在可预期范围内不会消失该获得，甚至还会越来越好。换而言之，获得感是要通过当下获得与未来获得共同维持的。如果人们对于自身所得患得患失，对未来充满不安，那就不是真正意义上的获得感。总之，获得感是人们对当下及未来获得得到保障后所产生的满足感，涉及到人们物质生活和精神生活多方面的感受。[1]

　　中国共产党领导的贫困治理过程也是人民获得感不断增强的过程，这个过程是通过共享发展理念的实践而形成的。人类对增长模式的认识反映了他们对贫困问题的认识和态度，共享发展理念的形成与人类消减贫困的历史和政策发展紧密相联。在"广泛基础的增长""益贫式增长""包容性增长"等增长模式的基础上，共享发展理念逐渐形成。世界银行在《1990年世界发展报告》中首先提出"广泛基础的增长"，1995年提出"益贫式增长"（又被称为"对穷人友善的增长"），这些增长模式与传统经济发展模式的区别在于更加注重国民财富分配的公平性和主动性，突破了以往主要以收入为标准判断贫困程度的贫困理论，将贫困者不再视为发展的包袱，对穷人应当友善，并注重提高他们的人力资本。2007年，亚洲开发银行在"新亚太地区的共享性增长与贫困减除"为主题的国际研讨会上，提出共享式增长，要求通过增加就业机会和发展机会，使贫困群体不再是被救者和受助者，而与其他群体一样成为经济增长的主动推动者。在这种增长模式的要求下，贫困者和贫困地区不再仅是"涓流效应"的受惠对象，而应成为经济增长的主体和发动者，

---

[1]冀慧珍.获得感：少数民族流动人口城市融入的标尺[J].西南民族大学学报（人文社会科学版），2021（2）：40-47.

是主动获益的群体。

在国际革新增长模式的同时，我国的增长理念也在积极探索中悄然嬗变。改革开放初期，邓小平就解释了社会主义的本质，指出"贫穷不是社会主义"，并提出了"先富带后富，逐步达到共同富裕"的战略构想，这可以说是共享发展理念的理论基础。2002年党的十六大报告提出"保证人民共享发展成果"，2015年党的十八届五中全会将共享发展作为新时期发展的五大理念之一确定下来，这是我国发展模式的又一理论飞跃，共享理念是五大理念的出发点和发展目标，是习近平"以人民为中心"发展思想的集中体现。共享发展，即社会发展成果由社会成员共同享有，在此基础上实现人与社会的不断发展。共享发展首先是反贫困的，进而实现更为公平、公正的发展，"坚持共享发展，必须坚持发展为了人民、发展依靠人民、发展成果由人民共享，作出更有效的制度安排，使全体人民在共建共享发展中有更多获得感，增强发展动力，增进人民团结，朝着共同富裕方向稳步前进"[1]。

在共享发展理念下，政府需要重塑理念并转换角色，激发人民的主动性和创造性，尤其引导、支持、推动有劳动能力的贫困群体自我脱贫，使他们成为脱贫行动的主体和实施者。"在反贫困管理中更多地应体现为服务性，这将对整个反贫困政策、决策与行为产生重要而多重影响"[2]。共享发展理念要求，在政策的设计和实施中，以积极的眼光看待贫困群体，将他们视作宝贵的人力资源[3]，提升其就业质量和就业能力，激发其就业积极性，使他们成为社会发展的推动者。2012年，《国务院关于进一步加强和改进最低生活保障工作的意见》中就首次对低保和就业救助的衔接做了规定，提出"完善城市最低生活保障与就业联动，加大对有劳动能力最低生活保障对象的就业扶持力度"，要求"劳动年龄内、有劳动能力、失业的城市困难群众，在申请最低

[1]中国共产党第十八届中央委员会第五次全体会议公报[EB/OL].共产党员网，http://www.12371.cn/special/18jwzqh/，2021-04-25.

[2]王三秀.农村贫困治理模式创新与贫困农民主体性构造[J].毛泽东邓小平理论研究,2012（8）：51—56.

[3]冀慧珍，杨雪. 我国支出型贫困救助政策的问题与完善路径[J].晋阳学刊，2020（2）：140-145.

生活保障时，应当先到当地公共就业服务机构办理失业登记；公共就业服务机构应当向登记失业的最低生活保障对象提供及时的就业服务和重点帮助"，并强调"对实现就业的最低生活保障对象，在核算其家庭收入时，可以扣减必要的就业成本"。2014 年出台的《社会救助暂行办法》中又明确将就业救助以专章规定，对就业救助与低保的衔接作了进一步规定："国家对最低生活保障家庭中有劳动能力并处于失业状态的成员，通过贷款贴息、社会保险补贴、岗位补贴、培训补贴、费用减免、公益性岗位安置等办法，给予就业救助。"2020 年 8 月，中共中央办公厅、国务院办公厅印发《关于改革完善社会救助制度的意见》，对就业救助作出规定："为社会救助对象优先提供公共就业服务，按规定落实税费减免、贷款贴息、社会保险补贴、公益性岗位补贴等政策，确保零就业家庭实现动态'清零'。对已就业的低保对象，在核算其家庭收入时扣减必要的就业成本，并在其家庭成员人均收入超过当地低保标准后给予一定时间的渐退期。"我国的贫困治理实现了从"大水漫灌"向"精确滴灌"转变，从"授人以鱼"向"授人以渔"转变，从"输血"向"造血"转变，从"事后补救"向"事前干预"转变，增强贫困群体自我发展能力，提高预防和抵抗风险能力，既要"治标"，又要"治本"，积极促进就业，提高自我脱贫能力，实现长期可持续发展。

三、党建引领贫困治理是铸牢中华民族共同体意识的有力支撑

对于少数民族的发展，习近平总书记擘画了"全面实现小康，少数民族一个都不能少，一个都不能掉队"的美好图景。在 2019 年全国民族团结进步表彰大会上，他进一步指出："要加快少数民族和民族地区发展，让改革发展成果更多更公平惠及各族人民，不断增强各族人民的获得感、幸福感、安全感。"人民群众的获得感，首先是改革发展成果应惠及全体人民，随着我国经济的飞速发展，少数民族地区和人民对脱贫致富、共享美好生活的渴望也越来越强烈。党建引领贫困治理，有利于维护少数民族流动人口的权益，有利于进一步深化各民族根本利益的一致性和共同性，更有利于铸牢中华民族共

同体意识，形成全国各族人民实现中华民族伟大复兴中国梦的磅礴力量。

自改革开放后中国共产党开始领导进行贫困治理，民族地区和少数民族群众的脱贫就是重点考虑的问题。实现中华民族伟大复兴，需要各民族共同努力奋斗。以铸牢中华民族共同体意识为主线，全面贯彻党的民族理论和民族政策，坚持共同团结奋斗、共同繁荣发展，把民族团结进步事业作为基础性事业抓紧抓好，促进各民族像石榴籽一样紧紧拥抱在一起，推动中华民族走向包容性更强、凝聚力更大的命运共同体，共建美好家园，共创美好未来。[1] 如 1982 年 12 月，中国第一个专项扶贫工作——"三西"地区农业建设扶贫工程就重点包含、支持了少数民族地区和人口。"三西"建设中甘肃省定西地区有突出的燃料、饲料、肥料短缺和饮水困难问题，国家就重点投入基础设施，改善生产生活条件。经过十年努力，初步建成甘肃河西商品粮基地，粮食总产量从 1982 年的 8.55 亿公斤增加到 11.4 亿公斤，中部干旱地区贫困状况也大为缓解，全省贫困人口由 1982 年的 1254 万人减少到 1992 年的 547 万人，农村贫困发生率由 74.8% 下降到 28.9%。

对于宁夏回族自治区，国家专门制定了《宁夏西海固农业建设规划》，提出了"3 年停止生态破坏，5 年解决群众温饱，10 年改变面貌"的目标。十年"三西"农业建设，国家在宁夏共投入专项资金 3.36 亿元，西海固地区群众生活条件大大改善，人均纯收入 200 元及以下的贫困人口，从 1983 年的 70% 以上下降到 15.7%。[2] 后来，又在 1992 年、2000 年、2008 年延长对"三西"的资助。其他民族地区的贫困治理也同样得到关注，如 2018 年 4 月，在脱贫攻坚的关键时刻，民政部印发《关于推进深度贫困地区民政领域脱贫攻坚工作的意见》(以下简称《意见》)，加大对深度贫困地区的扶持力度。《意见》明确指出，国家民政部重点支持"三区三州"(西藏、四省藏区、南疆四地州和四川凉山州、云南怒江州、甘肃临夏州)，有关省份民政厅 (局) 重点支持辖区内的深度贫困县 (市、区)。《意见》要求各地在汇总分配中央财政、省

---

[1] 习近平.坚持共同团结奋斗共同繁荣发展 各民族共建美好家园共创美好未来[N].人民日报,2019-09-28：(1).

[2] 张瑞敏.中国共产党反贫困实践研究（1978-2018）[M].人民出版社，2019：43-44.

级财政安排的民政领域补助资金时，要切实加大对深度贫困地区的支持力度。民政部将争取相关部门支持，在分配中央财政安排的民政领域补助资金时，对"三区三州"予以倾斜支持。随着脱贫攻坚不断深入，"三区三州"以及其他自然条件差、经济基础弱、贫困程度深的深度贫困地区脱贫攻坚任务仍然艰巨，国家民政部门将多措并举，合力推进民政领域在深度贫困地区的脱贫攻坚工作。为了打赢脱贫攻坚战，2019年11月18日财政部发布的公告显示，这次提前下达的1136亿元资金，大概占2019年中央财政专项扶贫资金1261亿元的90%。其中，继续重点加大对"三区三州"等深度贫困地区支持力度，特意安排"三区三州"144亿元，并把资金分解到具体区、州。

以宁夏为例，2018年，宁夏回族自治区经济总量相比1958年增长了1129倍，地方财政收入增长了769倍；城乡居民（含城镇和农村）收入相比1978年分别增长了91倍和100倍。尤其是党的十八大以来，习近平为宁夏改革发展把航定向、擘画蓝图，2016年7月考察宁夏时习近平提出"努力实现经济繁荣、民族团结、环境优美、人民富裕，确保与全国同步建成全面小康社会"的目标，2018年自治区成立60周年时题写了"建设美丽新宁夏　共圆伟大中国梦"的贺匾，为宁夏发展指明前进方向、提供根本遵循。中华人民共和国成立70年来，在党中央的坚强领导下，宁夏各族人民认真贯彻党的民族政策，坚持民族区域自治制度，共同团结奋斗、共同繁荣发展，把封闭落后、一穷二白、民族隔阂的旧宁夏建成了开放进步、美丽富饶、团结和谐的新宁夏。从全国的民族地区发展看，脱贫攻坚也是民族团结、铸牢中华民族共同体意识的有力途径，我国民族自治地区生产总值从1992年的2182.62亿元增长到2017年的72046.04亿元。[1]

总之，党建引领下的贫困治理在少数民族地区取得突出效果，提升了民族凝聚力，大大铸牢中华民族共同体意识。习近平强调，要把各族人民对美好生活的向往作为奋斗目标，确保少数民族和民族地区同全国一道实现全面小康和现代化。中华民族是一个大家庭，一家人都要过上好日子。要加快少

---

[1]2018年民族自治地方国民经济与社会发展主要指标［EB/OL］.国家民族事务委员会网站，https://www.neac.gov.cn/seac/xxgk/201912/1139109.shtml，2021-03-29.

数民族和民族地区发展，推进基本公共服务均等化，提高把"绿水青山"转变为"金山银山"的能力，让改革发展成果更多更公平惠及各族人民，不断增强各族人民的获得感、幸福感、安全感，让各族人民共创美好未来、共享中华民族新的光荣和梦想。[1]

四、党建引领贫困治理的过程也是培养贫困群体可行能力的过程

"可行能力"是由印度经济学家阿马蒂亚·森（Amartya Sen）提出的，在他看来，"可行能力"与"实质自由"是密不可分的两个概念——"如果我们把注意力从排他性地集中考虑收入贫困，转到考虑更包容的可行能力的剥夺，我们就能按照一种不同的信息基础来更好地理解人类生活的贫困和自由"[2]。森认为"实质自由包括免受困苦——诸如饥饿、营养不良、可避免的疾病、过早死亡之类——基本的可行能力，以及能够识字算数、享受政治参与等的自由"[3]。森对可行能力进行了解释，认为：一个人的可行能力指的是此人有可能实现的、各种可能的功能性活动组合。[4]在此基础上，可行能力可被看作是一种自由，是实现各种可能的功能性活动组合的实质自由。对于贫困治理来说，可行能力的培养尤为重要，在党中央统一领导下，各级党委组织充分意识到扶智、扶志对于扶贫的重要意义，在实践中，坚持扶贫与扶志、扶智相结合，物质脱贫与精神扶贫同步前进，贫困治理、精准扶贫的过程也是培养贫困群体可行能力的过程。

第一，贫困群体的可行能力首先表现为脱贫的内生动力。习近平说："坚持调动广大贫困群众积极性、主动性、创造性，激发脱贫内生动力。"[5]"志之难也，不在胜人，在自胜。"脱贫必须摆脱思想意识上的贫困，破除"等靠

[1]习近平.坚持共同团结奋斗共同繁荣发展 各民族共建美好家园共创美好未来[N].人民日报,2019-09-28：（1）.
[2][印]阿马蒂亚·森.以自由看待发展[M].任赜,于真，译.中国人民大学出版社,2012：14.
[3][印]阿马蒂亚·森.以自由看待发展[M].任赜,于真，译.中国人民大学出版社,2012：30.
[4][印]阿马蒂亚·森.以自由看待发展[M].任赜,于真，译.中国人民大学出版社,2012：85.
[5]习近平在全国脱贫攻坚总结表彰大会上的讲话[N].人民日报，2021-02-24：（1）.

要"思想。把人民群众对美好生活的向往转化成脱贫攻坚的强大动能，实行
扶贫和扶志、扶智相结合，既富口袋也富脑袋，引导贫困群众依靠勤劳双手
和顽强意志摆脱贫困、改变命运。

　　注重提高贫困群体的参与意识和权利观念。贫困是一种生活状态，对这
种生活状态最为熟悉的就是受助对象，他们最了解自己需要什么样的贫困帮
扶政策，"发展的目标和手段要求把自由的视角放在舞台的中心。按这种视角，
必须把人们看作是要主动参与——在他们有机会时——他们自身前途的塑造
的，而不只是被动接受某些精心设计的发展计划的成果。"[1] 但是以往在政策
的制定和实施中，贫困群体的参与是相当少的，因为社会对贫困者的排斥同
样体现在政治和政策领域，由于主观和客观方面的原因，他们往往更少参与
政治过程。这样就使受助者只是被动地接受救助，治理的权威性和有效性大
打折扣。中国与其他国家不同的是，如在社会救助政策的实践中，受助者非
但没有随受助而来的耻辱感，反而在实践中出现了大量的"人情保"等不正
常现象，这与中国社会救助单纯给付金钱有关。社会救助对象积极参与到社
会救助的过程中来，政策的制定者才能更充分地了解到政策对象的需求，制
定出更加切合实际的政策。通过权利理念的宣传，真正应该得到救助的贫困
群体才有维权的意识，得到救助，削除他们的不公平感、被歧视感。[2]

　　正如哈文登所发现的："(今天) 对于多数人而言，在获得更多机会的同时
也意味着要面临更多的要求，即成为一名积极的公民，享有或者履行更为积
极的、综合的公民身份。"[3] 人的全面发展就包括对政治生活的关心和参与能
力，增强他们的归属感和政治认同感。在贫困治理中，多管齐下，引导贫困
群众树立"宁愿苦干、不愿苦熬"的观念，鼓足"只要有信心，黄土变成金"
的干劲，增强"弱鸟先飞、滴水穿石"的韧性，让他们心热起来、行动起来。

　　第二，以改进帮扶方式提升贫困群体的生存生产技能。实践中，通过改
变扶贫方式，如采取产业扶贫、易地搬迁、劳务补助、以工代赈、生产奖补，

[1][印] 阿马蒂亚·森.以自由看待发展[M].任赜,于真, 译.中国人民大学出版社, 2002：43.
[2]冀慧珍.可持续生计理念下的社会救助政策改革[J].中国行政管理, 2002（1）: 66-70.
[3]Bjorn Hvinden，Hakan Johansson. Citizenship in Nordic welfare states[M].Routledge,2007：4.

以及侧重完善、强调社会救助中的就业救助等，带动贫困群体参与扶贫项目建设，通过自己的努力达到脱贫甚至致富的效果。在这个过程中，更塑造、提升了贫困群体的生存生产技能，尤其是处于数字经济迅猛发展的今天，贫困群体包括残障人士都可以在脱贫攻坚中大显身手，大有可为。传统经济条件下"培训"既是劳动者的权利也是劳动者的义务。对于用人单位而言，培训是其义务，培训需要实体性地进行组织，需要在实体教室或者其他培训场所，请培训师现场进行；而在数字经济时代，劳动者技能和知识的提高已不局限于用人单位组织的实体性培训，更多体现为线上虚拟课堂里的自主学习，一方面，学习方式更加灵活便捷，但另一方面，对劳动者的自我学习能力和自我学习意识的要求更高了。党建引领贫困治理的模式，可以激发劳动者主动、自发地进行自身知识储备与更新的潜力。大部分劳动者所拥有的能力或是通过系统的学校教育获得的，或是通过职场上的锻炼获得的，这些能力的取得总体呈现出一种被动的特征，而这些能力不足以应对数字经济时代带来的种种挑战。积极适应经济模式的转变，发现自身的不足，主动学习，弥补自身的缺陷，持续不断地学习，这是可行能力得以提升的根本之策。

第三，通过提供公共服务扩展贫困群体的可行能力。森认为"国家和社会在加强和保障人们的可行能力方面具有广泛重要的作用，这是一种支持性的作用，而不是提供制成品的作用。"[1] 人的可行能力是国家、社会的责任所在，个人可行能力的提高严重依赖于经济的、社会的、政治的安排。为此，森提出了促进可行能力提高的五种工具性自由，分别是政治自由、经济条件、社会机会、透明性保证和防护性保障。这五种自由互相补充、相互强化，直接或间接扩展人们的可行能力。在贫困治理的过程中，党委、政府持续加大基础设施投入，加大数字技术的公共服务提供，很多地方运用"互联网+"的思维，在人力资本市场建立大数据分析平台、智能业务平台、智慧服务平台、信息资源共享平台、云计算运行支撑平台等，推进产业数字化，拓宽劳动者获取信息和就业的渠道，为劳动者提供更为便捷的网络服务。如通过平台培育，做

---

[1]［印］阿马蒂亚·森.以自由看待发展[M].任赜,于真,译.中国人民大学出版社,2012：30.

强传统优势产业链，开展企业上云计划，支持有条件的企业同互联网、大数据、人工智能深度融合。

同时，将社会建设的重点转移到人力资本的投资上，创新教育体制，加大对劳动者的职业教育和培训，维护广大劳动者尤其是贫困群体享有教育、医疗等公共资源的均等化权利，获得受教育、医疗保障的机会，提高知识和健康素养。鼓励有条件的职业院校、社会培训机构和数字经济企业开展网络创业培训，将扶贫脱贫、贫困治理与乡村振兴、城市治理结合起来。

五、党建引领贫困治理的过程是多方参与、共同致富的过程

多年的反贫困实践表明，中国扶贫开发事业已经形成了专项扶贫、行业扶贫与社会扶贫相结合的"三位一体"大扶贫格局，社会扶贫已经成为拉动贫困地区发展和扶贫开发工作的重要引擎之一。[1]社会扶贫是为帮助贫困地区和贫困户开发经济、发展生产、摆脱贫困的一种社会工作，旨在扶助贫困户或贫困地区发展生产，改变穷困面貌。

自 1984 年中共中央、国务院下发了《关于帮助贫困地区尽快改变面貌的通知》起，我国就开始了有组织有计划的扶贫减贫行动。2011 年 12 月，中共中央、国务院印发的《中国农村扶贫开发纲要（2011—2020 年）》以"社会帮扶、共同致富"为原则，广泛动员社会各界参与扶贫开发，实现共同富裕，其中强调"动员企业和社会各界参与扶贫"。2013 年 12 月 18 日，中共中央办公厅、国务院办公厅出台《关于创新机制扎实推进农村扶贫开发工作的意见》，要求"建立和完善广泛动员社会各方面力量参与扶贫开发制度。充分发挥定点扶贫、东西部扶贫协作在社会扶贫中的引领作用。支持各民主党派、全国工商联和无党派人士参与扶贫开发工作，鼓励引导各类企业、社会组织和个人以多种形式参与扶贫开发"。2014 年 5 月 12 日，国务院扶贫办出台《创新扶贫开发社会参与机制实施方案》，提出要完善社会扶贫工作体系，

---

[1]国务院扶贫办政策法规司 国务院扶贫办全国扶贫宣传教育中心.脱贫攻坚前沿问题研究[M].研究出版社,2019:106.

创新社会扶贫工作机制，健全社会扶贫支持政策，营造社会扶贫浓厚氛围。2014年5月12日，国务院扶贫办等7部门联合印发的《建立精准扶贫工作机制实施方案》指出，完善社会扶贫帮扶形式。鼓励引导社会扶贫参与主体，到贫困地区开展形式多样的扶贫帮扶活动，努力做到帮扶重点下移到贫困村、帮扶对象明确到贫困户，帮扶措施到位有效，帮扶效果可持续，实现社会帮扶的精准化、科学化。为拓展社会扶贫的参与主体，2014年11月19日国务院办公厅发布了《关于进一步动员社会各方面力量参与扶贫开发的意见》，2015年11月29日，中共中央、国务院印发了《关于打赢脱贫攻坚战的决定》，其中都专门提到大力提倡、鼓励支持民营企业参与扶贫开发。如表1[1]，党的十八大以来出台了一系列政策支持民营企业等社会力量参与贫困治理。

[1]向德平，华汛子.党的十八大以来中国的贫困治理：政策演化与内在逻辑[J].江汉论坛：2018（9）：131-136.

表1　党的十八大以来中国贫困治理政策概览

2013年3月29日	教育部、国家发展改革委、财政部等七部门《关于实施教育扶贫工程的意见》
2013年12月18日	中共中央办公厅、国务院办公厅《关于创新机制扎实推进农村扶贫开发工作的意见》
2014年5月12日	国务院扶贫办、中央农办、民政部等七部门《建立精准扶贫工作机制实施方案》
2014年8月8日	国务院扶贫开发领导小组《关于改革财政专项扶贫资金管理机制的意见》
2014年12月4日	国务院办公厅《关于进一步动员社会各方面力量参与扶贫开发的意见》
2014年12月17日	中共中央组织部、国务院扶贫办《关于改进贫困县党政领导班子和领导干部经济社会发展实绩考核工作的意见》
2015年11月29日	中共中央、国务院《关于打赢脱贫攻坚战的决定》
2016年1月18日	全国工商联、国务院扶贫办、中国光彩会《关于推进"万企帮万村"精准扶贫行动的实施意见》
2016年2月	中共中央办公厅、国务院办公厅《省级党委和政府扶贫开发工作成绩考核办法》
2016年2月1日	中共中央办公厅、国务院办公厅《关于加大脱贫攻坚力度支持革命老区开发建设的指导意见》
2016年2月10日	国务院《关于进一步健全特困人员救助供养制度的意见》
2016年3月23日	国家发展改革委、国务院扶贫办、国家能源局等五部门《关于实施光伏发电扶贫工作的意见》
2016年4月23日	中共中央办公厅、国务院办公厅《关于建立贫困退出机制的意见》
2016年5月26日	中国保监会、国务院扶贫办《关于做好保险业助推脱贫攻坚工作的意见》
2016年6月21日	国家卫生计生委、国务院扶贫办、国家发展改革委等15部门《关于实施健康扶贫工程的指导意见》
2016年7月17日	中共中央办公厅、国务院办公厅《脱贫攻坚督查巡查工作办法》
2016年7月23日	住房和城乡建设部、全国爱卫办、环境保护部等七部门《关于改善贫困村人居卫生条件的指导意见》
2016年8月1日	水利部、国务院扶贫办《关于实施水利扶贫开发行动的指导意见》
2016年9月1日	中国证监会《关于发挥资本市场作用服务国家脱贫攻坚战略的意见》
2016年9月27日	民政部、国务院扶贫办、中央农办等六部门《关于做好农村最低生活保障制度与扶贫开发政策有效衔接的指导意见》
2016年10月17日	中共中央办公厅、国务院办公厅《脱贫攻坚责任制实施办法》
2016年10月17日	科技部、教育部、中国科学院等七部门《科技扶贫行动方案》
2016年10月18日	国务院办公厅《贫困地区水电矿产资源开发资产收益扶贫改革试点方案》
2016年10月18日	中央网信办、国家发展改革委、国务院扶贫办《网络扶贫行动计划》
2016年11月23日	国务院《"十三五"脱贫攻坚规划》
2016年11月23日	国务院扶贫办、国家发展改革委、中央网信办等16部门《关于促进电商精准扶贫的指导意见》
2016年12月7日	中共中央办公厅、国务院办公厅《关于进一步加强东西部扶贫协作工作的指导意见》
2016年12月13日	人力资源和社会保障部、财政部、国务院扶贫办《关于切实做好就业扶贫工作的指导意见》
2016年12月16日	教育部、国家发展改革委、民政部等六部门《教育脱贫攻坚"十三五"规划》
2016年12月22日	中国残联、中共中央组织部等26个部门和单位《贫苦残疾人脱贫攻坚行动计划（2016—2020年）》
2017年2月6日	财政部、国务院扶贫办《关于做好2017年贫困县涉农资金整合试点工作的通知》
2017年3月17日	财政部、国务院扶贫办、国家发展改革委等六部门《中央财政专项扶贫资金管理办法》
2017年5月31日	财政部、农业部、国务院扶贫办《关于做好财政支农资金支持资产收益扶贫工作的通知》
2017年6月27日	民政部、财政部、国务院扶贫办《关于支持社会工作专业力量参与脱贫攻坚的指导意见》
2017年6月29日	教育部、财政部《关于进一步加强全面改善贫困地区义务教育薄弱学校基本办学条件中期有关工作的通知》
2017年8月11日	国务院扶贫开发领导小组《中央单位定点扶贫工作考核办法（试行）》
2017年8月11日	国务院扶贫开发领导小组《东西部扶贫协作考核办法（试行）》
2017年8月28日	住房和城乡建设部、财政部、国务院扶贫办《关于加强和完善建档立卡贫困户等重点对象农村危房改造若干问题的通知》
2017年9月20日	财政部、国务院扶贫办《财政专项扶贫资金绩效评价办法》
2017年9月25日	中共中央办公厅、国务院办公厅《关于支持深度贫困地区脱贫攻坚的实施意见》
2017年12月	中共中央办公厅、国务院办公厅《关于加强贫困村驻村工作队选派管理工作的指导意见》
2017年12月5日	国务院扶贫开发领导小组《关于广泛引导和动员社会组织参与脱贫攻坚的通知》

民营企业逐渐成为扶贫开发中的一支不可或缺的力量，2015年10月17日，全国工商联、国务院扶贫办、中国光彩会正式发起"万企帮万村"行动。该行动以民营企业为帮扶方，以建档立卡的贫困村、贫困户为帮扶对象，以签约结对、村企共建为主要形式，力争用3到5年时间，动员全国1万家以上民营企业参与，帮助1万个以上贫困村加快脱贫进程，为促进非公有制经济健康发展和非公有制企业健康成长，打好脱贫攻坚战、全面建成小康社会贡献力量。2020年11月，全国工商联、国务院扶贫办授予100家民营企业全国"万企帮万村"精准扶贫行动先进民营企业称号。

社会扶贫的突出优点是主体和方式更加多元化，社会扶贫汇集了民主党派、政府部门、企业、国际机构和民间组织等多元的行动主体，不同主体根据自身特点采用了多样化的扶贫开发策略。社会扶贫的形式有：智力支边、希望工程、光彩事业、文化扶贫、扶贫拉力计划、春蕾计划、博爱工程、幸福工程、农业科技示范入户工程、双学双比、巾帼扶贫等，这些扶贫济困活动都产生了良好的社会效果。[1] 其中，民营企业参与扶贫的经验主要是：一是政府为企业承担社会责任提供优惠措施；二是发挥社会组织的中介作用，为企业参与扶贫工作提供平台；三是广泛宣传社会扶贫的政策与案例，营造良好的氛围与环境；四是重视产业在企业与农户之间的纽带作用，形成利益联结机制，实现两者利益共享。[2] 这些经验给我们以启示，并为全世界摆脱贫困提供了新的思路，面对贫困这个人类发展史上难以克服的顽疾，不能仅仅依靠市场之手，纯粹的市场竞争带来优胜劣汰甚至弱肉强食，效率至上的发展理念不可能自然而然地消灭贫困，也不能"等靠要"，全凭政府的物质救济。人类与贫困作战的实践表明，"授人以鱼"不仅解决不了贫困问题，还会造成福利依赖，破坏社会奋发向上的良好风气，影响整个国家的可持续发展。因而需要综合利用市场和政府的力量，在政府统一领导下，积极调动社会力量，尤其是富有自立、竞争精神的民营企业，充分发挥贫困人口的主体作用，如此，才能铸牢社会安全网，从根本上解决贫困问题。

---

[1]蔡德奇，胡献政，龚高健.社会扶贫的意义和机制创新[J].发展研究，2006（10）：30-33.

[2]国务院扶贫办政策法规司，国务院扶贫办全国扶贫宣传教育中心.脱贫攻坚前沿问题研究[M].研究出版社,2019:117.

第二章 党组织在民营企业中的建立和发展

改革开放以来，民营经济不断涌现和壮大，在国民经济中所占份额逐渐扩大。民营经济在社会主义市场经济中成为最具活力、竞争力、发展态势良好的经济成分，在促进就业、维持国民经济稳定发展和改善人民生活等方面发挥了至关重要的作用。民营经济的发展离不开中国共产党的科学领导，其中，有效推进党建是重要一环，党建的高效开展有利于构建支撑企业发展的文化理念，约束企业员工道德行为和职业规范，激发企业职工创造力，形成独具特色的精神风貌，增强企业凝聚力，提高竞争力。通过回顾改革开放以来我国民营企业党建从有形建立到有效建立，探究和分析党建存在的问题并提出针对性措施，有利于推动民营企业党建有效开展，促进民营企业健康发展。

第一节 党组织在民营企业从有形建立到有效建立

新中国成立之后，面对百废待兴的局面，为了实现经济复苏，党和国家鼓励倡导私营工商业者发挥积极性，发展生产，搞好经营。特别是社会主义三大改造时期，公私合营政策的实施，极大地促进了社会主义经济的复苏和发展。十一届三中全会之后，民营企业得到了迅猛的发展，直到今天，民营经济已经成为社会主义市场经济中不可或缺的重要组成部分。民营企业经济的发展能够取得如此大的进步，其中一个重要原因，离不开中国共产党正确、科学的领导。[1]随着党对民营企业的领导作用不断加强，民营企业内部的党组织也逐步建立和完善，党建在促进民营企业内部经济的健康稳定发展、促进社会主义经济的发展、促进人们就业以及提高人们的生活质量方面的重要作用日渐凸显。

---

[1]陈东，刘志彪.新中国70年民营经济发展：演变历程、启示及展望[J].统计学报,2020(2):83-94.

一、1978—1996 年：初步探索阶段

1978 年十一届三中全会召开后，中国共产党确立了以经济建设为中心，坚持四项基本原则，坚持改革开放的基本路线（"一个中心，两个基本点"），从此我国的经济发展进入一个新阶段。[1]1984 年党的十二届三中全会通过《关于经济体制改革的决定》，指出改革是当前我国形势发展的迫切需要，改革是为了建立充满生机的社会主义经济体制，增强企业活力是经济体制改革的中心环节，建立自觉运用价值规律的计划体制，建立合理的价格体系，实行政企职责分开，建立多种形式的经济责任制，积极发展多种经济形式。这为民营企业的发展提供了制度支撑，也极大程度地刺激了民营企业的发展。1987 年第十三次全国代表大会明确提出党在社会主义初级阶段的基本路线，制定了今后的经济建设、经济体制改革和政治体制改革的基本方针，加快了改革的进程。这些政策的确立和实施使民营企业的经济得到了初步发展，党组织在民营企业的影响力也日益增强，为党建的开展奠定基础。[2]

由于在民营企业就业的党员数量少，党建在这一时期并没有得到快速发展，只是处于一个初步探索与发展阶段。民营经济发展势头强劲的一些地区，如江苏、浙江、广东等东部发达地区，开始尝试建立党组织，这些地区在民营企业建立党组织的试验具有突破性。在当年很多民营企业还没有意识到党建重要性的情况下，1987 年浙江温州"振中工程机械"率先成立了全国第一个非公企业党支部，填补了当时民营企业内部党组织和党建空白，并取得了较好的成效：迅速从一家民营企业小厂成为我国机械行业的骨干企业，党员从最初的 4 名发展到 25 名，占企业总人数四分之一。

1992 年邓小平南方谈话和中共十四大的召开，打破了"姓资""姓社"的思想束缚，民营企业的经济有所突破和发展。[3]十四大首次提出"在其他各种经济组织中，也要从实际出发，抓紧建立健全党的组织和制度"。中组部在

[1]杜艳华.论党的十一届三中全会在中国现代化史上的特殊地位[J].学术论坛,2008(10):56-60.

[2]刘凝霜，程霖.中国共产党民营经济政策演变及其理论创新：1921—2021[J].改革,2021(1):36-49.

[3]夏新新.嵌入与回应：民营企业党建中的"政党-政府-企业"[D].华东师范大学,2020.

1993 年、1994 年先后印发《关于进一步加强外商投资企业党建工作的意见》
《中共中央组织部关于加强股份制企业中党的工作的几点意见》的通知，国
家开始对外资企业、股份制企业党建提出了新的政策和意见。十四届四中全
会在《中共中央关于加强党的建设几个重大问题的决定》中提出，"在其他各
种的所有制企业中，都要加强党的工作。没有党组织的，要积极创造条件建
立党组织，采取适应企业特点的方法和方式，开展党的活动"。伴随着一系列
文件出台，民营企业党建开始开展和实施，并且逐渐步入正轨。

这一阶段民营企业党建有以下几个特征：第一，民营企业党建具有突破
性和先进性，在企业内部尝试开展党建，取得了良好成效，为以后党建的开
展提供了理论依据和现实基础；第二，民营企业党建由自发性转向自觉性，
并且慢慢步入正轨；第三，在这一时期，民营企业党建进程缓慢，各个地区
民营经济发展不平衡，党建开展状况存在差异性。

二、1997—2011 年：发展建设阶段

1997 年 9 月 12 日中国共产党第十五次全国代表大会上把坚持公有制为
主体、多种所有制经济共同发展，坚持按劳分配为主体、多种分配方式并存，
确定为我国社会主义初级阶段的基本经济制度和分配制度，民营经济被纳入
我国的"体制内"，从这时开始，民营经济开始得以迅速发展。

随后，党中央开始规模性国企改革，很多国企员工由于改革失业，开
始成为民营企业员工，很多地方的流出党员未到流入地报到，或将党员身份
隐藏起来，或将组织关系介绍信装进口袋，自行留存，使流出地、流入地党
组织无法掌握其自然情况。随着国有企业的改革，人员流动频繁，"隐形党
员""口袋党员"数量逐年增加，[1]党员和基层组织管理变得异常复杂。面对
各种各样的经济组织和社会组织日益增多和劳动工人不断流动的趋势，党中
央对此采取行之有效的措施，如 1999 年在《中共中央关于加强和改进思想政

---

[1].宋平俊.力戒做"口袋党员"[J].先锋队,2006(17)：25.

治教育的若干意见》中提出，要采取有针对性的措施，建立健全民营企业党建。

江泽民在 2000 年 5 月到江苏、浙江、上海考察时，指出"凡是已具备条件的非公有制经济组织，都应该建立党组织，并在企业职工中发挥政治核心引领作用"，肯定在民营企业内部开展党建的重要意义。同年 9 月，中组部颁布了《关于在个体和私营等非公有制经济组织中加强党的建设的意见（试行）》文件，阐述民营企业中党建的重要性，就其指导思想和指导原则做了着重说明，并就党组织在民营企业的地位和作用进行详细说明。

这一阶段，民营经济在党中央的领导下迅速发展，党组织在民营企业开展党建较之前更加顺利，开展范围更加广泛，覆盖面有所提升。在此基础上，党组织开始积极探索民营企业对党员如何更加有效地进行管理，如何能够发挥民营企业党员作用，促使民营企业形成一套自己的发展模式。

这一阶段民营企业党建的特征逐渐显现：第一，党组织不仅注重覆盖面，同时强调民营企业党建情况；第二，不仅关注党组织的建立，开始强调如何更好发挥民营企业作用；第三，对于民营企业党建开展从概念性要求向制度化转变，民营企业党建走向规范化、制度化。在如何发挥党员在民营企业中作用、如何管理民营企业中党员以及如何完善民营企业党建相关制度和政策方面不断探索实践，推动民营企业党建实现新飞跃，呈现良好发展趋势。

三、2012 年至今：规范健全阶段

十八大之后，我国民营企业党建进入一个崭新阶段，党中央高度重视民营企业党建。中共中央办公厅在 2012 年发布的《关于加强和改进非公有制企业党的建设工作的意见（试行）》，明确指出非公有制是发展社会主义市场经济的重要力量。[1]同时进一步明确非公有制企业党组织功能定位，阐述民营企业党组织地位和主要职责，指出加强和改进非公有制企业党的建设，是坚持和完善我国基本经济制度、引导非公有制经济健康发展和推动经济社会发展

---

[1]《关于加强和改进非公有制企业党的建设工作的意见（试行）》[EB/OL].中国政府网，http://www.gov.cn/jrzg/2012-05/24/content_2144778.htm，2012-05-24.

的需要。

2012 年 3 月 21 日，全国非公有制企业党的建设会议在北京召开，在大会上，党中央总结多年实践经验，针对非公有制企业党建中出现的诸多问题，强调加强和改进非公有制企业党建，抓好"两个覆盖"，发挥好党组织"两个作用"，并要求各级党委认真贯彻落实，推动非公有制企业党建取得新进步。

抓好"两个覆盖"，就是要抓好党组织覆盖和党的工作覆盖，加大党员发展力度，做好流动党员管理服务和引进党员职工，增强党的影响力。发挥好党组织"两个作用"，就是党组织要在职工群众中发挥政治核心作用，在企业发展中发挥政治引领作用，把贯彻党的方针政策、维护职工群众合法权益和建设先进企业文化，创先争优推动企业发展贯穿党组织活动始终。加强"两支队伍"建设，是加强党组织书记和党建指导员队伍建设，为开展民营企业党建提供制度保障。

此后，2012 年党的十八大召开，提出"保证各种所有制经济平等使用生产要素，公平参与市场竞争，同等受到法律保护"和"支持小微企业，特别是科技型企业发展"等方针，促进民营企业科学高效发展。与此同时，提出加强对基层组织党建创新与开发，为了扩大两个"覆盖"，指出要加强"两新"组织内部民营企业党建力度，[1] 推动民营企业发展和民营企业党建实现同频共振。

2013 年 11 月 12 日中国共产党第十八届中央委员会第三次全体会议通过《中共中央关于全面深化改革若干重大问题的决定》，提出坚持和完善基本经济制度，以公有制为基础，多种所有制共同发展的基本经济制度，是中国特色社会主义制度的重要支柱，也是社会主义市场经济体制的根基。[2]

公有制经济和非公有制经济都是社会主义市场经济重要组成部分，是我国经济社会发展的重要基础。必须毫不动摇地巩固和发展公有制经济，鼓励、支持和引导非公有制经济发展，激发非公有制经济活力和创造力。对非公有

[1]胡锦涛.坚定不移沿着中国特色社会主义道路前进 为全面建成小康社会而奋斗——在中国共产党第十八次全国代表大会上的报告[J].前线,2012(12):6-25.
[2]习近平.关于《中共中央关于全面深化改革若干重大问题的决定》的说明[J].前线,2013(12):20-27.

制经济重要政治地位肯定，有利于保障非公有制经济可持续发展，大力推进经济体制改革，也有利于扎实稳步开展民营企业党建，完善党建体系。

非公有制经济的健康发展，良好的社会环境是重要基础。2016年3月4日在北京召开的中国人民政治协商会议第十二届全国委员会第四次会议提出，构建"亲""清"新型政商关系是良好政治生态的重要体现，也是营商环境的重要组成部分。在"五个大力倡导"的引导下，构建领导干部和民营企业的亲清新型政商关系有了基本遵循和根本方向，并"探索党政机关干部在民营企业挂职锻炼"，创新建立领导干部与民营企业联系等3项制度和机制。2017年10月，十九大召开，构建亲清新型政商关系写入了十九大报告，对民营企业经营管理和地方政府政策实施提出新要求，并且划清民营企业和政府界限。[1]十九大报告中还强调增强金融为实体经济服务的能力，着力提升金融机构为中小民营企业服务的质量和效率。

2018年11月1日，习近平总书记在民营企业座谈会上发表重要讲话，着重讲到如何帮助民营经济解决发展中的困难，不断为民营经济营造更好的发展环境，提供更多发展动力。习近平总书记最关心的是政策是否落实，对此，他特别强调要抓好6个方面的政策举措落实，即减轻企业税费负担，解决民营企业融资难融资贵的问题、营造公平竞争环境、完善政策执行方式、构建亲清新型政商关系，以及保护企业家人身和财产安全。这些举措落实为民营企业创造一个良好的发展环境，为在民营企业内部开展党建提供了稳定良好的政治和经济环境。

这一阶段民营企业党建呈现出以下特征：第一，民营企业党建动力在政治和经济环境双重稳步向好背景下得到提升，并在改革中不断调整内容和方式，主动适应社会主义市场经济发展和政治建设需要。第二，随着科学技术不断发展，党组织在民营企业开展党建活动方式日趋灵活多样，如依托互联网技术，民营企业党建在各个平台上实现线下线上融合发展，提高党组织在民营企业开展党建的效率。总体来说，在这一时期，我国民营企业内部的党

---

[1]王华华.新时代党的领导与民营企业"两个健康"发展共振性研究[J].行政与法,2020(10):1-10.

建活动更加全面、具体和高效，党建方式更加灵活多样。在中国共产党的领导下，各级党委能够具体问题具体分析，采取行之有效的措施来应对各个地区民营企业复杂多变的情况，民营企业党建能够紧跟时代发展调整内容和形式，促使民营企业党建日益成熟。

第二节　民营企业党建的特征与经验

不同历史阶段的民营企业党建结构框架和具体要素的丰富和发展，都由中国共产党的时代任务、历史使命和党建目标所决定。开展民营企业党建历史性问题研究，概括阶段性特点，阐明民营企业党建历史推进的发展逻辑，有利于深化对民营企业党建的理论认知，凸显民营企业党建当代价值。

一、民营企业党建的特征

民营企业党建不是一次性完成的，需要不断改革创新，逐渐深化对党建认识，在中国革命、建设和改革实践中逐步形成、确立和发展。民营企业党建演绎了"变"与"不变"统一发展，新的党建继承和发展了以往的党建，实现民营企业党建增量发展和质化提升。站在客观角度，民营企业党建具有时代性、差异性、整体性、层次性等特征。

（一）民营企业党建核心要素的时代性

民营企业党建的时代特色是由党的目标任务、工作重点和所处的时代背景决定的。民营企业党建的历史演变是对民营企业党建核心要素的重新构架，统筹把握各个要素的地位和相互关系，整体上形成了具有时代特色的民营企业党建。

民营企业党建的历史演进过程，清晰地体现了不同历史时期民营企业党建的目标、主题及党建重点内容，显现出民营企业党建具有一定的历史性和阶段性特征，是民营企业党建主观之于客观的结果。其间，主观因素表现为人们的主观能动性和创造性，对民营企业党建的增量发展和质化提升起到了至关重要的作用。民营企业党建的推进，离不开具有历史主动性的党组织对党建目标任务和重点做出具体的选择。

民营企业党建在特定历史环境下一经形成，就会对民营企业党组织自身建设产生直接影响，体现其伴随的历史性特征。毛泽东重点在思想上开展党的建设，邓小平着重从党的制度方面开展党的建设，江泽民着重在党的先进性和代表性方面开展党的建设，胡锦涛重点在科学化方面开展党的建设，习近平着重从政治建设方面开展党的建设。[1]民营企业党建也紧跟时代政策方向，呈现出历史性和阶段性的时代特色。

（二）民营企业党建功能价值的整体性

民营企业党建是由功能各异的党建要素组成的一个整体架构和系统。民营企业党建功能价值的整体性不仅体现在逻辑框架上，还体现在民营企业党建的不同方面建设发挥作用的相互性上。民营企业党组织的自身建设的认同基础是民主集中制，以民营企业党建的内容为互嵌要素，把提升民营企业党建质量作为基本目标，取得民营企业党建功能价值的融合贯通。

民营企业党建整体推进与协调发展需要宏观掌控、全面把握，统筹安排民营企业党建实践，使得民营企业各方面党组织的建设均衡发展。在民营企业中，任意一个单项党建活动和实践措施，一定会对民营企业其他方面的建设产生影响，关乎民营企业党建的全局发展。

从民营企业党组织的建设进程来看，中国共产党善于把辩证唯物主义理论引用到民营企业党建实践中，通过党建重点方面带动民营企业党建的整体。民营企业党建各个要素的丰富发展和资源合理配置整体上提升了民营企业党建成效。党的十八大以来，中国共产党强调政治建设的根本性，民营企业党建以民营企业政治建设为统领带动其他方面党的建设，不断提升民营企业党

---

[1]英启琛.中国共产党党建总体布局历史性推进：基本特征、发展逻辑和当代价值[J].宁夏党校学报,2021,23(02):62-68.

建质量，提高民营企业党建的系统性、综合性。

（三）民营企业党建实践形态的差异性

民营企业党建是由关于党的建设诸多要素组成的体系，在回答全面从严治党的具体工作需要时表现为一系列功能不同、形式各异、内容详细具体的实践形态。民营企业党建发展的主线是先进性和纯洁性建设，决定着民营企业党建在新时代下党组织自身建设的实践形态。

民营企业党建从"三位一体"演进成"5+1"的新格局，随着党建的格局的演变，民营企业党建要素的实践形态取得了丰富和发展。民营企业党的政治建设可以通过政党权威力量、政治领导、中央领导、建立核心意识和看齐意识等实践形态进行表达；民营企业党的思想建设可以通过理论创新、坚定党务人员理想信念、建立政党意识、宣传政党价值观念和利用政党资源等实践形态进行体现；民营企业党的组织建设可以通过坚持民主集中制原则、坚持组织路线、保持民营企业党组织的先进性和纯洁性、建立高素质党员队伍、增强基层组织建设等实践形态进行展现；民营企业党的作风建设可以通过发挥群众路线、家风建设、创造一个良好的政党生态环境等来实现；民营企业党的纪律建设可以通过党组织民主监督、政府相关职责部门监督、人民群众监督和法律法规监督等实践形态进行体现；民营企业的制度建设可以从完善规章制度、民营企业民主制度、民营企业集体领导制度和党组织监督制度予以体现；民营企业党的反腐败斗争可以通过预防腐败体制建设、党风廉政建设等实践形态进行展现。民营企业党建内容的丰富性决定了其实践形态的多样性。

（四）民营企业党建内容结构的层次性

党建在关于"建设什么样的党，怎样建设党"的历史课题中不断演变发展。伴随着党的伟大事业的推进，社会主义新时代赋予民营企业党建新的时代内涵和特征，要求民营企业党建内容实现增量发展和质化提升同步进行，民营企业党建要素的增减、调整都会对民营企业党建的内容结构产生影响。

民营企业党的建设始终以"党的长期执政能力建设、先进性和纯洁性建设"为主线，但新时代民营企业党建的内容结构则逐渐演变为以党建为主线、二级领域和三级内容组成的"一体多层"系统。从民营企业党建内容结构和党建主线关系看，两者不是并列的关系，而是反映与被反映的关系，民营企业党建的内容和结构围绕党建主线开展。

从民营企业党建二级领域看，民营企业党建中党的思想建设、政治建设、作风建设是平行并列的关系；民营企业党的组织建设是一个重要载体；民营企业中党的制度建设要贯穿民营企业党建的全过程和各方面的建设，为民营企业党的其他方面建设提供了制度保障，有利于促进民营企业党建走向科学化和制度化；"反腐败斗争"是增强党的建设的一个基本条件。总体来看，关于民营企业党建的二级领域功能各不相同，相互交叉、相互结合。怎样增强二级领域的党的建设构成了民营企业党建三级内容，这些内容贯穿民营企业党建过程始终，同时又构成了民营企业党建的实践形态。

二、民营企业党建的成果

我国民营企业党建迄今为止经历了 40 多年的探索历程，特别是 2012 年以来，各地各级党组织在以习近平为核心的党中央带领下，高度重视民营企业党建，民营企业党建方式有所创新和发展，不断探索如何让党组织发挥政治核心作用。

民营企业党建在理论建设方面取得显著进步。这几十年的探索过程中，党中央出台了很多关于民营企业党建的相关政策，学术界对民营企业党建进行了广泛的研究并引起了很大反响，形成了很多关于民营企业党建的论著，如范霞的《我国私营企业党组织功能和实现途径研究》、周燕妮的《论民营企业党建与企业生存发展》、韩童的《我国民营企业党建问题研究》等，他们动态研究民营企业党建，站在不同的角度对民营企业党建进行理论上的探索、分析和实践总结。在民营企业从事党建的一些优秀党务工作者也在实践探索过程中发表了很多关于党建的著作，如国福发表的《非公党建工作宝典》、张彦惠的《深圳市非公企业党的建设历史考察和经验研究》、羊亚琳的《民营企业党建研究——以南充市为例》等。民营企业一线的党务人员在对民营企业党建探索过程中，在理论和实践方面都为民营企业党建提供了很多可行性的意见和措施，这些意见和措施为今后党建的开展提供了借鉴，避免不必要的错误。

民营企业党建"两个覆盖"日益完成。"两个覆盖"是在《关于加强和改进非公有制企业党的建设的意见（试行）》中明确提出来的，所谓"两个覆盖"就是党的组织和党的工作两覆盖，以新的要求对待党建的覆盖面。2019年中共中央组织部发布的《2018年中国共产党党内统计公报》显示，截至2018年12月31日，全国有158.5万家非公有制企业法人单位建立党组织，民营企业党组织覆盖面随之扩大。随着民营企业党建的开展，民营企业中党组织数量日益增多，党员队伍日益扩大，我们需要考虑如何管理党组织和党员队伍，如何能够让民营企业的党组织和党员发挥最大效用，是党建中需要解决的问题，这就需要在今后的党建中，不断完善关于党组织和党员队伍的管理机制，党组织和党员发挥其积极主动性，才能有效促进民营企业党建的开展。

十八大召开后，不仅激励着民营企业向前发展，同时也让民营企业对于未来发展充满信心，党和政府对民营经济的发展日益重视。随着社会主义民主政治的发展，民营企业参与政治的机会日益增多，民营企业党员参加全国党代会的人数逐年上升，民营企业在党代会的话语权增强。在十八大代表中，民营企业家党员有34名。在2002年的十六大，民营企业家党员才开始成为全国党代会代表，当时只有7名党员当选，到了十七大，就增加到了17名，到了十八大，就有34名民营企业家党员当选，体现了国家对于民营企业和企业家的重视，也让民营企业有更多机会参与到社会主义现代化建设中来，避免了民营企业政治发展薄弱的可能。民营企业家党代表身处民营企业，深知民营企业的发展状况、利益诉求以及民营企业党建的困境，能够反映民营企业的呼声。党中央借助党的政策扩大在民营企业内部的影响力，民营企业积极响应党中央的号召，很多党建强、发展状况好的民营企业涌现出来。

民营企业一开始在江苏、浙江、广东、山东等地方发展势头较猛，出现了很多党建典型的民营企业，这些民营企业党建开展顺利，为全国各地的民营企业党建彰显榜样和先锋模范作用。[1]例如山东省工商局向民营企业安排第一书记，探索民营企业内部发展实际情况，制定关于民营企业发展规划，理清民营企业发展思路，加强民营企业党员队伍建设，为民营企业发展做实事，建立健全民营企业党建相关制度，破解民营企业党建难题；福建省厦门市监管自贸片区的市场监管局利用自己的体制机制优势、组织管理优势、队伍建设优势及感情基础优势，在民营企业内部不断扩大党的覆盖面基础，以此提高党组织在民营企业党建中的影响力，不断探索关于党员的管理教育培训模式，增加党组织对于民营企业党建政治引领的多种方式和渠道，促进自贸片区党建的顺利开展；处于江苏无锡的红豆集团坚持构建适应于社会发展的企业文化，致力建立一个和谐健康的企业，并且积极履行社会责任，建立和完善企业党建体制机制，让党组织服务于企业发展，并且借助党建，发展民营企业人才，促进企业健康发展。

这些优秀的民营企业在实事求是的基础上开展党建，结合企业自身实际情况发掘适合企业的党建模式，值得很多民营企业借鉴和学习。党建良好的民营企业大多数在经济较发达地区，而一些经济相对落后的地区，如中西部地区，民营企业的党建进程缓慢。党和政府要积极帮助上述地区民营企业开展党建，大力推广东部民营企业党建的成功经验，发挥其先进带动作用，以点带面，促进民营企业党建遍地开花。

[1]张博.新时代我国民营企业党建研究[D].内蒙古师范大学,2019.

第三节　民营企业党建的困境

党建作为民营企业的"铸魂工程"，对企业的健康发展发挥重要作用。处于社会主义新时代发展浪潮，党建开展有利于民营企业融入现代化经济体系，助力国民经济发展。但在现实环境中，民营企业党建面临诸多问题，如民营企业党建政治引领力较低、党务工作者队伍建设薄弱、党建相关制度不完善以及党组织开展条件不足等。这一系列问题成为目前民营企业党建的现实困境，精准识别所面临的问题，并具体问题具体分析，研究问题的表面现象和实际成因，有利于民营企业党建摆脱现实困难。

一、民营企业党建政治引领力较低

在我国，中国共产党是执政党，执政党的地位决定着基层组织的发展方向，引领着基层党组织的发展。中国共产党的党组织引领着民营企业的发展方向，一定程度上会影响着民营经济的发展。但是从民营企业党组织内部实际情况看，党对民营企业党组织的政治引领不显著，很多民营企业党组织形同虚设，不重视党组织党建，民营企业党组织结构边缘化。探究其中原因，一方面因为民营企业决策以民营企业的企业主为大，民营企业党组织在民营企业中没有决策权，民营企业党组织活动受制于企业主的主张。另一方面，民营企业追求利益最大化，有些民营企业缺乏对社会的责任感，在利益中不断盘旋，不重视党组织的党建活动，导致企业中的党建活动多数是形式主义，党组织在民营企业的发展过程中参与感很少。[1] 所以，影响了党组织对民营企业政治上的引领作用。

党组织政治引领在民营企业中的作用至关重要，要求党组织不仅要有对于政治的引领作用，而且在开展党建活动行动力上发挥作用。在现实中，有

---

[1]邢潇月.多元文化背景下民营企业党建研究[D].东北石油大学,2014.

的党组织对民营企业的事务指导方面和实际行动方面都没有发挥应有作用。民营企业党组织没有发挥其引领作用的影响因素有很多：第一，党组织在民营企业中的力量有待增强，民营企业与国有企业相比，民营企业主决定着民营企业发展方向与理念，民营企业的发展一般以民营企业主的意志为准，所以民营企业主对于党组织开展党建有很大的影响。很多民营企业主不重视民营企业党组织党建活动，党组织也会时常出现没有活动经费，没有活动场所的情况，导致党建活动不能健康稳定地运行。第二，民营企业内部党员构成人数少。党组织召开活动时，能够响应参与的人数少，因此党建没有取得良好的成效，党建活动效率不高。

二、党务工作者队伍建设薄弱

随着社会主义市场经济的发展，民营企业如雨后春笋般生长起来，民营经济持续健康稳定地发展，民营企业党建也不断加强和完善。与此同时，民营企业党务工作者队伍建设存在很多问题。

首先，在民营企业中从事党建的党员数量很少，一些规模比较大，资本力量也相当雄厚的民营企业，党员数量较多，更能够吸引大批高质量优秀人才到企业任职。虽然，近些年以来，我国在支持小微企业发展方面花费了不少的精力，但由于小微企业规模都是相对比较小，党务工作者岗位也不稳定，各个方面缺乏竞争力来吸引优秀的党员任职，不利于民营企业党建的开展。企业党员数量少，所以大多被动地联合建立党支部。有些民营企业甚至没有党员，他们在组建党组织时，对建立党支部不热心，依靠入驻企业中的党建指导员开展党建活动。

其次，从事民营企业党建的党务工作者水平不高。从全国各个地区看，在民营企业内从事党建的人员文化水平都不是很高，而且大多是年龄偏大的党员，受教育水平不高。[1] 他们对党的方针路线、政策法律、指导思想理解

---

[1]严文雯. 非公有制企业党建有效性研究[D].复旦大学,2013.

不透彻，不能贯彻执行党的方针政策。年龄大的党员在执行相关政策时，处事比较刻板保守，他们对互联网信息不敏感，不能紧跟党的号召和时代潮流。而且在民营企业从事党建的人员大多不是全职，有的是民营企业企业主或者企业内部的主要领导从事民营企业的党建，他们大多数是白手起家，年龄大，所受教育水平有限，对民营企业党建知识不了解，并且忙于企业的经营管理，没有时间精力从事民营企业的党建，使得民企党建趋于形式主义。

再次，民营企业中的党员发展空间小。我国党员发展多在一些基层组织部门，如一些党的机关部门、学校和农村地区，在这些地方从事工作的党员，发展空间相对而言较大。一直以来，人们对民营企业的党员有着固定印象，难以招聘外来人员，民营企业内部党员的发展前景的确不容乐观，导致很多党员不会长时间在民营企业从事相关工作。民营企业党员发展空间小有以下原因：一方面民营企业党员能够入党的指标数量少；另一方面民营企业的人员，大多是本地的人员，而且入党对他们的工资水平、福利待遇影响不大，所以他们并不热衷于入党。

最后，民营企业党务工作者队伍不稳定。在民营企业从事党建活动的党员流动性很强。随着我国改革开放，国家发布了各种政策来促进民营企业的发展，民营企业紧跟时代号召，大力发展民营经济，但民营企业很多是小规模，薪资水平、福利待遇条件不高，因为生活压力，很多党员离开了民营企业。民营企业中，党员下岗、退休、离职是很常见的现象，所以民营企业党员人数统计部署展开困难。很多年龄较小的党员，由于暂时没有适合的工作，或者还没有考上体制内的工作，会选择暂时在民营企业工作，一旦找到更适合自己的工作，或者考上体制内的工作就会离开民营企业，造成民营企业党员大量流失。民营企业还存在大量"口袋党员""隐形党员"。"口袋党员"是指长期将组织关系放在"口袋"里，人在一个地方，组织关系在另一个地方，不办理组织关系接转手续的党员。"隐形党员"是指流出来的党员没有到流入的地方报到，将自己的党员身份隐藏起来，流出地和流入地都没有办法准确掌握他的真实情况。造成这一现象的原因一方面是民营企业内部的党组织不愿意接收，同时上级党组织也不愿意接收，这就让新来党员不得不把关于党组织的关系装在自己的口袋里，显示出党组织相关制度政策不到位；另一方面是党员自身对于民营企业党组织认同感不强，同时觉得转接手续麻烦而琐碎，不愿花费时间，缺乏党组织的整体观念和意识。

三、民营企业党建相关制度不完善

无规矩不成方圆，民营企业党组织开展党建活动时需要依靠一定的制度和规则。制度建设在党建中发挥着举足轻重的作用，所以要重视民营企业党建过程中对制度的建构。目前从党组织开展党建的实际情况来看，我国民营企业党建制度并不完善。客观来看，一方面是民营企业党建发展时间不长，关于民营企业党建的相关政策、法规制定并不健全，关于民营企业党建的具体文件有待增加，所以民营企业在开展党建的过程中没有可以遵循的原则，无法有针对性地开展党建，只是依据宏观的国家政策对民营企业党建进行制度建设。另一方面，民营企业内部党建制度不健全。理论上讲，民营企业党组织应该依据党的政策和企业具体发展的情况制定适合自身的规章制度。但是民营企业中从事党建活动的人员受教育水平有限，无法透彻理解党的政策规章，使民营企业党建制度的建立遭遇阻力。

制定民营企业党建制度要遵循党章，以民营企业内部制定的相关制度为辅。党建内容复杂广泛，要求民营企业党建工作者认真学习相关的政策知识，紧跟时代潮流，全面贯彻落实民营企业相关制度。但是很多民营企业内部党组织在开展党建活动时并不会按照规定的制度要求开展党建活动，导致制度得不到贯彻落实。深究其原因，一方面是因为党务工作者制度意识薄弱，忽视规章制度。很多民营企业党务工作者没有专门学习党建相关制度，加之他们的学习能力有限，缺乏专门指导，导致很多党务工作者对党的相关政策理解不透彻。另一方面，民营企业内部制度的执行情况不到位。虽然很多民营企业已经制定相关制度，但是在贯彻落实这些制度上并不到位，缺乏对党建制度的监督，导致懒政现象出现，制度不能有效地落实在民营企业党建上。甚至很多民营企业制度建立后，只是表面形式上的存在，应付上级党组织的检查，不会真正贯彻落实这些制度。制度在得不到有效贯彻落实的前提下，民营企业党建得不到有效的开展和运行，党组织内部难免会产生各种各样的矛盾，影响企业的健康稳定发展。

四、党组织工作开展条件不足

伴随民营经济不断发展，民营企业党建的存在、深入、发展和完善是历史的必然。我国在提高民营企业党建覆盖率上取得长足进步，但是民营企业在党建开展上依然存在问题，具体表现在以下方面：

第一，民营企业党组织在企业内部开展党建活动次数少，没有固定时间开展党建活动。很多民营企业以企业盈利为目标，追求企业利益最大化，致使很多民营企业不注重企业的党建活动，规模较大的民营企业党组织有时组织党建活动，一些规模较小的民营企业很少甚至根本不开展党建活动。

第二，民营企业党组织开展党建活动形式单一。很多民营企业开展党建活动时主要是阅读党中央发布的重要文件和出版的报纸。民营企业党组织在组织党员认真学习党的理论知识和方针政策方面做得并不到位，没有认真落实党中央的方针政策。民营企业党组织组织党员开展党建方式过于保守陈旧，很多党组织成员感到枯燥无味，应付差事，不会积极主动地去学习党建知识，致使党组织党建得不到有效开展。[1]

第三，民营企业党建的活动经费和活动场所欠缺。[2]很多民营企业党组织活动经费很少，难以用来开展党建活动，制约和影响党建活动有效顺利开展，直接导致民营企业的党建活动不能健康稳定地发展。再者，民营企业党组织在企业内部的活动场所很少，很多民营企业没有党支部活动室，活动场所的基础设施配套不全，处于比较陈旧狭小的状态。有的民营企业内部没有开展党建活动的场所，开展党建活动时只能在外面的场所租用场地。这些因素导致民营企业党组织的党建活动得不到长期稳定的开展，影响党组织党建水平的提高。

---

[1]杜宝青.民营企业党建的问题与对策研究[D].上海师范大学,2012.
[2]杜宝青.民营企业党建的问题与对策研究[D].上海师范大学,2012.

虽然当前我国民营企业党组织队伍覆盖率大大提升，但是民营企业内部的党建水平不高。民营企业党组织开展党建过于形式主义，无法有效开展党建活动。一方面，民营企业党组织与上级党组织缺乏沟通。民营企业党组织开展党建活动受制于民营企业企业主，很多关于党中央的方针政策不能得到有效落实。另一方面，民营企业党组织与企业内部的职工和企业的发展关系不紧密，民营企业的职工关心自己工资水平、福利待遇等方面，对党建的开展持冷淡态度。总体来看，我国民营企业的党建比较薄弱，党建水平有待提高。

第四节　民营企业党建的完善

党的十八届三中全会指出："必须毫不动摇鼓励、支持、引导非公有制经济发展，激发非公有制经济活力和创造力。"党的十九大报告指出："支持民营企业发展，激发各类市场主体活力。"民营企业党建是我国基层党建的重要内容。加强民营企业内部党组织的建设，推动民营企业持续健康发展，是发展社会主义市场经济的客观要求。但民营企业党建不是一蹴而就，在发展过程中需要及时调整和改进，针对具体问题具体分析，力求进一步完善民营企业党建，推动民营企业健康发展。

一、完善党员管理方式

首先，在民营企业党建过程中，民营企业党员的思想教育要贯穿始终。做好党员教育培训工作，促使党员保持先进状态，拥有坚定的理想信念、强烈的责任心，紧跟党中央的领导，与党中央同心同德，是解决党建问题的重要途径。要把习近平新时代中国特色社会主义思想贯彻落实到党员同志身上，激励党员一直保持先进状态，使党员在民营企业党建的开展中起到先锋模范的作用。固定时间安排民营企业党务工作者参加党的思想政治教育培训，提高他们思想政治认知水平，把思想政治教育贯彻落实，促使他们重视民营企业的党建，并且积极地参与到党建活动当中。[1]强化民营企业党员的思想政治教育常态化管理，促进民营企业党建的顺利开展和健康稳定进行。

其次，发展更多职工党员，扩大民营企业职工党员队伍，从而更好地开展党建。这就要求各级党委要吸纳人才，把一些符合条件、能力素质出众的人纳入到党员队伍之中，从而改变民营企业党组织队伍基础薄弱的现状。[2]把一些民营企业中的优秀人才和企业中的骨干发展成为入党积极分子是当务之急，并且要保证质量。积极推动大中专毕业生和一些退伍军人中的党员参加，有针对性地向民营企业输送党员。

最后，建立党员激励机制。开展网络教育培训，让党员学习社会主义核心价值观，促进党员树立正确的人生观、价值观，思想得到解放，观念得到转变，从而实现党员整体水平的提高。注重党员专业能力和专业知识能力的培训，以更高的素养水平开展党建，确保党建高质量完成。建立关于党员的惩罚与奖励制度，严格要求党员的行为规范。表彰先进模范党员，授予优秀党员荣誉证书，促使他们自觉争当先锋模范，在民营企业内部树立突出榜样激励其他党员。对于逃避组织活动，没有履行党员义务的同志，及时进行约谈教育，如果通过批评教育还是无效，应按照党章规定予以处分。在提高党员覆盖率方面，选一些在民营企业表现优秀的职工和技术人才入党。完善关于流动党员的相关制度，在思想上要对流动党员进行关怀，民营企业党组织对他们要持一视同仁的态度，主动带领他们参加组织活动，在评选优秀党员时，向流动党员倾斜，从而让他们感受到组织的关怀。同时关于流动党员的管理方式也要创新，在互联网时代，要依托互联网技术，动态管理流动党员的流向，更好地把握流动党员的情况。争取让流动党员稳定下来，既要在思想上对流动党员进行教育，又要在制度层面进行完善。

[1]钟发霞.党建引领民营企业职工思想政治的策略研究[J].决策探索(下),2020(10):35-37.
[2]钟奎志.浅谈在新时代如何做好民营企业党建[J].内蒙古统战理论研究,2020(04):57-58.

二、加强对民营企业党建引领

党组织不同于其他社会组织，党组织在发挥响应力和影响力方面发挥着重要作用。但是在民营企业内部，党组织的党员队伍基础薄弱，民营企业开展党建效果并不理想。因此，要加强对于民营企业党组织队伍建设，扩大党员人数，扩大党员的发展基础。规划党员发展计划、党员发展比例和发展人数，同时在民营企业内部做好宣传，动员民营企业职工积极入党，吸纳民营企业内部一些优秀骨干、高素质人才成为党员，扩大党组织的号召力和响应力，促进民营企业党建高效开展。要求民营企业主认识到党建的重要性，加大对党建的投入，确保党组织在开展党建时有固定场所和充足经费，这是党组织建设能够开展的基础。

在民营企业中，党组织发挥着政治引领作用，当民营企业党组织无法有效发挥作用时，需要采取一些有效措施加强党组织的政治引领作用。一是重视关于党建的宣传，党组织宣传国家政策法规的方式应该多样化，可以依托互联网，大力宣传党章党规，促进民营企业在发展中遵循国家的方针政策，坚持社会主义道路，不违背社会主义国家发展的方向。与此同时，加强对民营企业主的政治思想教育，民营企业主在民营企业中掌握着话语权和决策权，敦促他们正视国家利益和企业利益，处理好国家利益与企业利益之间的关系。二是党组织应该尽其所能发挥作用，参与到民营企业发展过程中。民营企业是以企业的利益为根本，党组织在发挥其作用时尽可能地围绕民营企业的发展。党组织要针对个别问题具体分析，重视民营企业的经营与生产，帮助民营企业在生产经营、科技创新等方面做出发展和突破，以新型的党建方式促进民营企业的发展。三是党组织应该加强对民营企业职工的思想教育。要加强民营企业职工的思想政治教育，展开社会主义核心价值观教育，帮助树立正确的价值观、人生观，保持正确的思想认识，引导民营企业职工与一些违背社会主义核心价值观的错误思想积极作斗争。[1]

---

[1]徐黎.民营企业健康发展的强劲动力[N].学习时报,2020-11-20(4).

三、完善企业党建制度

为了民营企业长久稳定发展，必须建立健全民营企业党建的相关制度。目前来说，民营企业党建制度建设不健全，采用现有制度解决现实问题效果不佳。因此，必须通过一些立法手段，建立健全民营企业制度，用立法的方式来规范民营企业制度应用与发展。建立一套长期有效的发展机制，明确主体责任，落实主体的责任内容。

一方面，"民主制度，天下之公理"，建立健全民营企业党建制度必不可少，制度要符合民营企业未来发展方向和民营企业具体情况。在具体制度的指导下，民营企业开展党建才有章法遵循。依法治国是党领导人民治理国家的基本方针，是建立社会主义现代化国家，实现国家长治久安的要求，是建设社会主义民主政治的基本保证，是社会主义文明进步的重要标志。在建设社会主义法治国家，完善社会主义法治体系的过程中，党的建设作用尤为重要，党的建设能夯实依法治国的基础，以党建促进法治建设，这是社会主义发展的必然趋势。在民营企业开展党建需要依据规章制度，就目前而言，民营企业党建相关制度尚未健全，应该重视民营企业立法，使民营企业党建相关制度合法化、明晰化，推动民营企业党建法制化，为推动党建活动的开展提供依据。联合起来建立具体的企业内部制度，民营企业要探索适应企业发展的制度。在接受上级党组织领导的基础上，将党建的服务作用发挥出来，积极促进企业发展和党建活动协同共赢。

另一方面，把制度落实到民营企业党建上。采取多种多样的方式和方法，宣传制度章程，组织企业职工党员学习制度，从而让党员深刻认识和理解出台的制度，把制度嵌入党员的思想深处。在开展党建活动时，正确的制度政策会引导党员开展党建活动，民营企业党建活动才开展得有意义。在民营企业内部建立一套关于制度的责任落实机制，明确责任主体，在党组织中，党支部书记是第一责任人，逐级落实相应责任，把责任层层分明和具体化，从而把党建责任明晰化。部分环节出现问题，追究某主体的责任，在制度的约束下，责任主体会承担起责任。与此同时，定期开展党的知识学习活动，安排固定时间开展党课培训，加强对民营企业入党积极分子培养，吸纳民营企业内优秀积极分子加入到党员队伍中来，为民营企业的制度建设添砖加瓦。

四、正确处理党组织与其他主体关系

民营企业党建有效开展，离不开准确定位党组织，这要求我们正确处理党组织与其他主体的关系，如党组织与上级党组织的关系、党组织与企业的关系、党组织与企业主的关系、党组织与企业员工的关系以及党组织与党员之间的关系，就以上关系提出正确的处理措施：

第一，正确处理党组织与上级党组织的关系。民营企业在社会中是一个独立经营的经济组织，不受上级党组织的领导与指挥，而党组织却不同，在民营企业内部党组织要受到上级党组织领导。再者，党的领导在国有企业和民营企业存在差异，国有企业全方面地在党的领导之下，民营企业受党的约束较小，基于这种情况，要求党对民营企业党组织的领导根据民营企业具体情况，有针对性地指导，既要求上级党组织坚持自己的基本原则，又要求上级党组织具体问题具体分析，灵活处理与民营企业党组织的关系。再者，民营企业党组织有选择性听取上级党组织的指挥，结合民营企业内部的实际情况，不能盲目跟随，抓好主次矛盾，抓住重点。在贯彻落实上级党组织命令时，如果与民营企业发展方向不符合，积极地向上级党组织提出实行政策时遇到的困难，寻求上级党组织帮助。民营企业党组织要与上级党组织保持沟通交流，才能有利于党建问题解决。上级党组织在民营企业党建中承担着重要角色：一是规划民营企业党建的开展如何推进，以及党建目标怎样达到；二是表彰党建成效良好的民营企业，批评党建效果不理想的企业，争取让党建效果差的企业向党建有成效的企业看齐；三是为党组织提供所需服务，促进党建更好开展；四是监督党建过程，对党建加以引导；五是加大民营企业党建经费扶持、人才供给。

第二，正确处理党组织与企业的关系。民营企业需要依附民营企业党组织，在国家领导下，开展企业内部活动，只有在服从国家法规、政策和领导的前提下，才能保证民营企业可持续发展。同时，民营企业的健康发展是很重要的，民营企业党组织把民营企业作为一种载体来发展民营企业党建，如果民营企业不存在，那民营企业内部的党组织随之消失。因此，要重视民营企业健康稳定发展。

第三，正确处理党组织与企业主的关系。民营企业以盈利为目的，企业主决策立足于企业利益，立足于企业发展，要求党组织做出的决策符合民营企业发展方向，制定的政策推动民营企业健康发展。只有民营企业主体会到党组织的存在利于企业健康发展，是保证企业长久发展的重要力量，才会主动借助和依靠党组织促进民营企业发展。但民营企业主以企业利益为重，外界诱惑易使民营企业主忽视国家法律法规和国家规章制度，违背党的方针政策，需要党组织及时告诫其间利弊，引导民营企业主带领企业走正确道路，避免走错路，走弯路，保证民营企业在合法范围内经营管理。如协调民营企业主与民营企业职工关系，开展党建活动，增强交流，敦促企业主考虑企业本身发展时兼顾企业员工利益，建立和谐融洽的劳资关系，会减少矛盾冲突，促进民营企业健康稳定发展。

第四，正确处理党组织与企业员工关系。中国共产党做任何决策，把人民利益放在第一位，这是中国特色社会主义的特点和优势。党组织要动员民营企业职工群众，宣传党的知识，促进群众深入了解党的知识，更好地参与党建过程，促使民营企业党组织更加有效地开展党建活动。党组织维护职工群众合法权益，监督民营企业主遵守《劳动合同法》，敦促民营企业主在维护职工合法权益上促进企业盈利和发展。[1]党组织发动职工群众参与民营企业决策，加强与职工群众沟通并和他们保持紧密联系。民营企业党组织参与民营企业决策时，为职工群众发声，站在他们立场上，设身处地考虑他们的利益，同时注意方式方法。如果职工群众表达利益诉求时应对方法简单粗暴，不仅不能让问题得到有效解决，反而加剧企业职工与企业的矛盾和冲突，党组织要往正确方向引导企业职工，用合法合理的方式争取职工合法权益。

[1]张博.新时代我国民营企业党建研究[D].内蒙古师范大学,2019.

第五，正确处理党组织与党员关系。我国坚持以公有制为主体，多种所有制共同发展的基本经济制度。民营企业开展党建，是为了民营企业健康稳定发展，更是为了非公有制经济的健康稳定发展。党组织发挥作用，党员队伍要加强建设，只有党员队伍专业，才能促进民营企业党建顺利开展。为此，首先要在民营企业内部扩大党员队伍基础，吸纳优秀人才成为入党积极分子，民营企业党建在民营企业内部会更加地有号召力。其次，严格管理党员队伍，规范党员行为，定时开展党课，注重党员队伍教育培训。[1] 再次，召开表彰大会，表彰先进党员，发挥党员先锋模范作用。开展双向互动活动，增强党组织与职工群众紧密联系。最后，设身处地考虑党员利益诉求，关心他们在党建中遇到的困难，包括在生活中遇到的困难，尽可能帮助他们渡过难关。尤其对于外来党员，面对的困难更加复杂，带动他们融入党组织大家庭，增强党员队伍凝聚力，扩大党组织在民营企业影响力，让民营企业党组织发挥作用，促进民营企业党建顺利开展。

---

[1]秦雍. 新时期西部民营企业党组织建设问题及对策研究[D].四川农业大学,2011.

第三章　新晋商参与贫困治理的实践

新晋商是一个复合型群体，其规模、实力、行业、专业等均有差异，且与山西省民营经济发展情况密切相关。新晋商参与贫困治理，是企业承担社会责任的一种体现，也是精准扶贫的题中应有之义。中共中央、国务院《关于营造企业家健康成长环境，弘扬优秀企业家精神，更好发挥企业家作用的意见》（中发〔2017〕25 号）明确将"履行责任、敢于担当、服务社会"作为企业家精神的重要内容。[1]实践中，不少新晋商以贫困治理为己任，勇于担当，敢于奉献，积极履行社会责任，投身于脱贫攻坚和服务社会的探索，在不断实践中探索出一条新晋商参与贫困治理的可行化路径。

第一节　新晋商参与贫困治理的探索

《中共中央　国务院关于打赢脱贫攻坚战的决定》要求"鼓励支持民营企业、社会组织、个人参与扶贫开发"[2]，在山西省的脱贫攻坚战中，新晋商是一支独特且重要的扶贫力量。他们参与扶贫的形式主要表现在产业扶贫、金融扶贫、就业扶贫、公益扶贫以及易地搬迁扶贫等方面，他们积极投身于扶贫行动中，为改善贫困户的生活水平，促进企业的自身发展以及推动山西省经济社会全面发展，打赢精准扶贫攻坚战，小康社会的全面建成做出了极大的贡献，是山西省经济快速发展的重要引擎，也是推动山西省持续发展的不竭动力。

---

[1]中共中央 国务院关于营造企业家健康成长环境 弘扬优秀企业家精神更好发挥企业家作用的意见[EB/OL].新华社, http://www.gov.cn/zhengce/2017-09/25/content_5227473.htm,2017-09-25.
[2]中共中央 国务院关于打赢脱贫攻坚战的决定[EB/OL].http://www.syx.gov.cn/syx/fpgz/201611/01d818a54a5a48d38183c4a2ceaf9299.shtml,2016-11-17.

一、因地制宜开展产业扶贫

习近平强调，产业扶贫是最直接、最有效的办法，也是增强贫困地区造血功能、帮助群众就地就业的长远之计，要加强产业扶贫项目规划，引导和推动更多产业项目落户贫困地区。[1] 企业上联市场，下联农户，起着联结两端、沟通枢纽的重要作用，是打好产业脱贫攻坚战的关键。

产业扶贫是实现脱贫的根本之策，产业振兴是乡村振兴的关键。产业扶贫是指以市场为导向，以经济效益为中心，以产业发展为杠杆的扶贫开发过程，是促进贫困地区发展、增加贫困农户收入的有效途径，是扶贫开发的战略重点和主要任务。产业扶贫是一种内生发展机制，目的在于促进贫困个体(家庭)与贫困区域协同发展，根植发展基因，激活发展动力，阻断贫困发生的动因，真正把"水"浇到穷"根"上。山西省各地政府在结合企业自身优势的前提下，挖掘贫困地特色发展资源，因地制宜组织开展产业扶贫，打造具有当地特色的产业扶贫项目，使建档立卡贫困户在增收的基础上尽快实现脱贫。

新晋商在参与贫困治理中典型涌现，如位于长治市的山西振东健康产业集团，是山西省最早进入全国500强的非资源型民营企业。作为一家市值100多亿元的庞大集团、上市公司、医药健康产业的领先企业，振东积极投身以扶贫为主的光彩事业，将建设中药材种植基地和精准扶贫有机结合起来，既保证原材料来源，又促进基地所在区域经济发展和群众脱贫致富。振东集团的产业扶贫形式是山西省产业精准扶贫的典型案例，同时还成为了"国家十大扶贫案例"之一。他们把山西平顺、武乡、浑源等19个贫困县以及贵州、新疆等地作为中药材规范化种植及野生抚育基地，采取"公司＋合作社＋农户"的经营模式，免费提供种子、免费技术指导、免费技术培训、承诺价格保护，确保农户在种植的基础上实现增收致富。集团先后启动了平顺50万亩中药材种植基地、浑源5万亩黄芪、新疆2万亩红花、贵州0.5万亩白土苓

---

[1]习近平在广东省清远市连江口镇连樟村考察时的讲话[EB/OL].新华网，http://www.xinhuanet.com/photo/2018-10/24/c_1123603212_4.htm,2018-10-24.

建设项目，如平顺 50 万亩中药材种植项目，就能实现人均增收 3000 元，使 2 万多农户稳步脱贫。目前扶贫惠及平顺县 241 个贫困村 48000 多贫困人口、长治 12 个乡镇 156 个贫困村 12800 贫困户 35600 贫困人口。[1]

广大民营企业家积极响应省委省政府的号召，创新扶贫模式，积极参与贫困治理。吕梁市委、市政府开展了"迎老乡、邀客商、兴吕梁"的活动，通过组织县际结对帮扶活动，发出强烈号召，号召在外经商的吕梁籍、山西籍企业家带资金与项目回乡创业创新，在加强区域合作、优化产业布局的基础上拓展对内对外开放新空间，经过与在外经商晋籍商人合作发展产业，推动吕梁经济创新转型发展。广大民营企业家积极响应号召，在企业所在地和结对帮扶村，通过"公司＋合作社＋基地＋农户"等形式开展产业扶贫，实现互利共赢。截至 2018 年 7 月，全市有 166 个企业在 188 个贫困村实施 215 个项目，投入资金 3.08 亿元，帮助 37041 贫困人口脱贫。吕梁泰化集团投资建设泰瑞生态农业园，投入了 4300 万元，借助当地资源优势，通过流转土地 3200 余亩，建成了 3400 平方米的产业扶贫示范基地。农业园建造了日光节能温室，不仅养殖鸡、猪、羊、牛，还种植大田蔬菜、饲料、小杂粮、牧草等，产业发展形式多样且丰富。泰化集团还营造生态防护林 2000 亩，提出了以流转土地、劳力转移、传统农业转型和农业生产企业化、农民生活城镇化、村企联建一体化的"三转三化"扶贫新思路，创新了扶贫模式，带动了吕梁市贫困户的脱贫增收。

民营企业还通过其他形式进行产业扶贫。临县朝阳农牧有限公司通过舍饲养牛、牧草种植、光伏发电这三大产业，带动白文镇、石白头乡、三交镇等乡镇 6 个村、500 多户贫困人口增加收入，每人每年保底收益 3000 元；瑞普生态农业开发有限公司在礼义镇养幸河村投资 3000 万元，修建 10 万头标准化生猪养殖基地，专门进行生猪养殖，帮助贫困户建立了扶贫产业，增加就业机会，带动贫困户脱贫；汾阳皇米业、汾阳王酒业等企业通过建立农业扶贫项目，向贫困户提供种植农业的技术培训，提高种植产量。后期还采取了

---

[1] "千企帮千村精准到户"扶贫强势推进[EB/OL].https://finance.huanqiu.com/art,2020-08-28.

"企业+合作社+农户"的模式,在石楼设立收购点,与石楼县粮食管理服务中心、小蒜镇凤头村、龙交乡田家山村等签订了高粱、谷子、核桃订单种植收购协议,承诺同质前提下高于市场价优先收购,保证了贫困户农作物的销售;中德集团在武乡县五村建立了扶贫项目,分别投资了养殖场扩建项目和经济林种植项目,帮助贫困户就业,以增加贫困户的稳定收入。

民营企业通过产业扶贫帮助贫困地区发掘本区域的优势资源,并加以整合利用。首先,贫困群体的工作、生活环境得到了改善,脱贫群众精神风貌焕然一新,激发了贫困户脱贫的内生动力。其次,开拓了贫困群体脱贫路径,极大释放了贫困地区蕴含的潜力,改善了贫困面貌。可见,新晋商因地制宜开展产业扶贫,是在实践中探索出的一条益于贫困户脱贫的举措,是一种"破题"式的扶贫模式,也是取得精准扶贫攻坚战的有效形式。

二、金融扶贫破除资金壁垒

打响脱贫攻坚战以来,扶贫小额信贷累计发放 7100 多亿元,扶贫再贷款累计发放 6688 亿元,金融精准扶贫贷款发放 9.2 万亿元。[1] 可以说,正是国家在扶贫过程中投入真金白银,才使得脱贫攻坚有了强大的资金基础。金融支持是精准扶贫、精准脱贫的重要保障。为了使项目和资金很好对接,地方政府积极支持贫困村组建农业专业合作社或者由企业担保贫困户贷款,带资入企统筹发展脱贫增收产业,贫困户有的自己发展产业,有的跟着龙头企业经营,很多贫困地区的产业"活"起来、"动"起来。贫困户的金融扶贫资金与企业的产业发展相结合,实现了从"输血型"向"造血型"的转变,放大了扶贫资金的效益,解决了贫困户初始资金不足的问题,形成了政府、市场、社会协同推进的扶贫工作新机制。

新晋商积极参与金融扶贫主要体现为:岚县继亨铸造公司共贷款 1300 余万元,与 14 个村 260 余户贫困户进行合作,通过实施"政府+企业+银行+

---

[1]全国脱贫攻坚总结表彰大会[EB/OL].新华网,http://www.xinhuanet.com/politics/tpgjzjbz/index.htm,2021-2-25.

贫困户"四位一体的"精准扶贫贷"模式，每户每年可分红 3780 元。山西伟厦集团旗下华鼎农业公司与上明乡、岚县慧融村镇银行签约，吸纳上明乡、岚城镇 730 户近 1700 名建档立卡贫困人口参与，每户每年可分红 3860 元。山西新大象养殖股份有限公司，采取政府牵头、银行支持、企业实施、贫困户参股"1+1+1+1"的模式，总投资 1200 万元建立王狮乡史家庄村万头生猪养殖基地项目，此项目共带动近 150 户贫困户人均增收 3000 余元，而村集体的年收入为 4.5 万元左右。

新晋商参与金融扶贫的案例还体现在：浑源县政通有限责任公司也积极响应政策，深度整合扶贫资金，通过政府牵头、银行支持、公司实施、农民参股受益的"1+1+1+1"模式，开展金融扶贫工作，即由政府牵头对建档立卡贫困户进行组织，由企业作为担保，贫困户每户从银行贷款 5 万元作为股金入股公司，而公司负责项目基地的建设管理与运营，项目的良好运营可带动贫困户脱贫，也可为企业创造利润。中钢阳坡塔农产品开发有限公司投资了 2000 余万元建设了一条铺浆式水晶粉丝、粉条生产线。中阳县 50 多个贫困村 1058 户贫困户，通过在工商银行贷款 1005 万元和在农业银行贷款 4285 万元的方式，带资入企参与中钢水晶粉丝、粉条生产线的经营。而中钢为带资入企的贫困户提供精准助力平台和连带担保，每年支付贫困户收益金 317.4 万元，贫困户连续 3 年都能获取 3000 元的收益金。

临县朝阳农牧有限公司通过合作社将 100 户贫困户的 5 万元小额扶贫贷款集中起来，折价为 40% 的股份，而公司按 60% 的股份出资，共同建设了犊牛托养园区，贫困户们按照带资入社的形式参与进扶贫项目中，每年保底收入 3600 元，托养犊牛收入 2400 元。山西美好家居服务有限公司以银行向贫困户发放贷款，保险机构为贫困户提供保险，公司为贫困户提供技术、培训、管理服务、并负责市场销售的形式，为大前村 17 户贫困户办了金融扶贫小额贷款，每户贷款 5 万元入股山西美好家居有限公司，平均每年每户可分红 3000 元。山西胡兰食品有限公司与邮储银行联合推出肉牛养殖行业小额互助担保贷款业务，为贫困户发放金融扶贫贷款，并免费提供配种、防疫、技术和保底回收等服务，2017 年共帮助 1000 户贫困养殖户获得养殖小额互助担保贷款达 2000 余万元，贫困户共获得分红 334 万元，户均年增收 3.6 万余元。

金融扶贫通过支持贫困村组建农业专业合作社或者由企业担保贫困户贷款，鼓励贫困户带资入企参与产业发展，使资金充分流动，破除了资金流动壁垒，将贫困户与企业发展结合起来，打通了金融与农户、合作社、企业的关系，为贫困群体增收致富提供了又一可靠途径，实现了贫困链上多者的共赢发展。

三、就业扶贫提升内生动力

新晋商在就业方面参与贫困治理主要体现在两个方面：第一，为贫困群体提供技能支持，使其学会谋生的手段，促进贫困户的后续发展；第二，提供就业机会，拓宽了贫困户的增收渠道，利于脱贫致富。

（一）提供技能支持谋发展

作为资本的表现形式之一，社会资本就是广泛存在于社会网络关系之中并能够被行动者投资和利用以便实现自身目标的社会资源。[1] 对于贫困户的脱贫问题，应在结合当地优势特色资源的基础上，加大对人这一重要社会资本的投资，致力于激发脱贫热情，提高脱贫内生动力，提供相应技能扶持，教会谋生手段，逐步提升贫困户的自我发展能力，从而达到缓解贫困、脱贫致富的目的。

新晋商提供技能扶持助发展成效颇丰。如潞宝集团扶持农户养殖，只要有能人大户带头实施精准扶贫，自建肉鸡养殖场，则集团一律给予扶持。在自建鸡场的过程中，企业还就选址、建舍、设备选型、设备安装、养殖技术等进行全方位的技术支持与培训，帮助农户提高技术水平；晋星集团充分发挥当地农业产业化龙头企业的引领带动作用，坚持向贫困户广泛传播科学养殖技术，鼓励贫困户学习新技术，帮助农户脱贫致富，通过积极推行"公司

---

[1]燕继荣.投资社会资本——政治发展的一种新维度[M].北京大学出版社，2006：88.

+基地+农户"的产业运营模式,有效促进了当地农业产业结构调整和百姓的增收致富;汾阳裕源公司、迅达土特产品有限公司等企业免费为石楼县100余名贫困户进行核桃种植、嫁接、粗加工等技能培训,新晋商酒庄还向培训人员捐赠核桃加工设备70余台;柳林县近两年累计完成护理护工培训1352人,其中贫困户466人,每人月收入平均3500元左右,部分护工赴北京、上海等地就业;吕梁泰化集团通过基地设施农业的示范引领和无偿技术培训,带动了小神头等周边村民发展了120多个蔬菜大棚,形成了集中度较高的设施农业产业;山西启灵菌类种植有限公司与义牒镇留村、西峪村的89户贫困户签订灵芝合作种植协议,全程免费提供技术服务,收获灵芝后按每棒1.3元的价格向贫困户支付种植管理费,户均可增收3万余元,这对贫困户来说是一笔相当可观的收入。

新晋商还积极与各个科研院所的科学家进行对接,鼓励技术人员对贫困户进行技能培训。如浑源县政通有限责任公司为了提高贫困户的专业技能水平,特聘山西农业大学的专家学者到公司基地,免费对贫困户进行防疫和人工授精等科学养殖技能进行培训,到目前为止,已开展了2期养殖培训,贫困户认真学习,掌握了技巧,2016年还组织实施了东坊城乡荆庄村300人的养殖培训。兴县金土地公司帮助贫困户建香菇种植基地,为确保产品质量并且尽快得到农户的认可,公司派专业技术人员到香菇种植之乡河南省西峡县考察,并从西峡县请来专业技术人员一对一进行培训,手把手教会农户如何掌握温度、湿度等种植蘑菇必不可少的技能。临县湫川丰林现代农业有限公司聘请农科院的技术专家,对周边300多贫困户、专业合作社和食用菌、蔬菜大棚的专业种植户进行技术指导培训,贫困户进而掌握了技术。山西中鹰大红枣产业有限公司在曲峪镇正觉寺、丛罗峪镇天洪村、芦则沟等村认证了1万亩有机木枣基地,还专门聘请红枣专家进行技能培训,已累计培训1000余人。

新晋商为贫困户提供技能培训,是对人这一重要社会资本的投资,积极鼓励技术人员进行技能培训是一种"扶智"的扶贫方式,提供的是科技方面的支持,有利于激发贫困群体学习新知识、新技术的热情,增强脱贫动力,使得在脱贫任务完成后，仍有谋生的手段与技术，减少返贫现象的出现，同时也对贫困的代际传递现象具有一定的制约，最终达到脱贫致富的效果，实现国家实施精准扶贫工程的战略意义。

（二）就业扶贫为农增生机

扶贫首先要进行扶智，而扶智需长期进行教育，短期则需进行就业培训。就业是"授之以渔"的重要扶贫形式，是增加贫困户增收的重要方式。就业是民生之本，是广大人民群众收入的来源，是人们收获美好生活的重要支柱。为农村的剩余劳动力提供就业机会，是增加农民收入、改善贫困户生活、帮助贫困户脱贫致富的重要手段，也是新晋商参与贫困治理的主要形式之一。山西省民营企业以自身为依托，并建立多种形式的扶贫车间、社区工厂、卫星工厂、就业驿站等，吸纳贫困劳动力就业。同时，民营企业在就业培训中也发挥了重要作用，如山西阳府井集团根据"贫困户带资入企 + 收益分红"的相关政策，与建档立卡贫困户签订三方帮扶协议，先后吸纳临县清凉寺、雷家碛、兔坂等乡镇的 1100 余名贫困村民到企业工作；柳林县煤炭企业通过开展"政府 + 金融机构 + 企业外包项目 + 智慧职工再创业 + 贫困户"的深入帮扶活动，吸纳本地劳动力就业 1.6 万人，其中贫困户就业 850 人，月收入 4000元左右；39 个规模以上企业为 1092 户的 1362 名贫困人口解决就业问题，落实资金 816 万元，平均每人每月 1520 元。

新晋商积极为贫困户提供就业岗位，助力贫困治理。如石楼县惠源枣业有限公司按照"一人就业，全家脱贫"的帮扶思路，通过吸纳周边贫困户就业开展精准帮扶。公司现有的 86 名员工中，贫困户 55 人，占比 64%，人均年可增收 25000 元左右；中德集团为贫困家庭有就业能力的人提供 90 余个就业岗位，以解决其家庭的实际困难和长期保障；新晋商酒庄、汾阳王酒业、金土地生物有限公司等企业采取"企业 + 贫困户"直通车模式，定向招聘贫困户，累计招聘贫困户达 240 余人，平均月薪超过 2000 元；岚县的新兴制造业重点扶持企业——继亨铸造有限公司，在自身转型升级的同时，积极履行社会责任，两年来与建档立卡贫困户 600 多人签订劳动就业合同，月平均工资每人 3000

元至 5000 元不等；山西百孚百富生物能源开发有限公司优先聘用铺上村困难家庭劳动力到本公司就业，并对就业人员免费开展工作技能培训，使其通过自身努力工作，拥有一技之长，获得稳定收入，实现早日脱贫；晋星集团帮扶 400 余名有能力、有技术的贫困人口到养殖园区就业，每人每年预计可增加收入 24000 元。

新晋商通过就业扶贫，对接劳动力资源与市场，将贫困户纳入利益联结机制中，给予贫困户谋生的手段与方式，提供了实现自我价值的工作机会，拓宽了贫困户的增收渠道，改善了贫困户的生活水平，提高了贫困户的生活质量，实现了带动贫困户共同富裕的重大历史性命题。

四、公益扶贫帮扶困难群体

对于老弱病残幼等需要直接帮扶的特殊困难群体，新晋商一贯有大爱和慈善义举，坚持进行公益帮扶。如潞宝集团以"发展企业、奉献社会"为建厂宗旨，20 多年来，累计投入 20 多亿元扶危济困，支持各类公益慈善事业。在太旧高速、引黄入晋、南方雪灾、抗震救灾、拥军优属、兴教助学、扶贫济困等方面都作出了很大的贡献。2017 年投资 1 亿元成立了"长安爱心基金"，资助全省的道德模范和弱势群体。集团董事长韩长安得到了习近平总书记"好做好事，善做善事，大爱无疆"的表扬；山西阳府井集团对生活困难的孤寡老人、残疾人、留守儿童、因病返贫、贫困学生(高中、大学)等贫困户进行上门帮扶，累计捐款 260 余万元；中德集团为无法就业、无能力创业又无社会保障的 107 名贫困人员缴纳养老保险，提供社会保障。针对孤寡、老幼、残疾等没有劳动能力、得不到家庭赡养的贫困人员提供每人每月 200 元的生活救助金。

回报社会是企业责任的担当、情怀的坚守，其他民营企业也发扬大爱精神，扶危助困。如振东健康产业集团自成立以来秉承"与民同富，与家同兴，与国同强"的价值理念，积极承担社会责任，引领企业义不容辞地投入到各项公益慈善事业，专设"公益慈善委员会"，创立了面向贫困大学生的"扶贫济困日",面向孤寡老人、特困家庭的"冬助日",以及面向全国特困患者的"仁爱天使基金",集团每年拿出经营利润的 10% 用于社会公益慈善事业。截至目前,已累计投入公益慈善事业超过亿元,受助人数达上万人次;岚县伟厦广业集团在城区为 30 余户生活困难家庭免费提供公寓,并为每户至少提供一个就业岗位;岚县田野矿冶有限公司在市场波动、资金紧张、公司运营出现问题的情况下,筹资 20 余万元为普明镇困难群众购置白面、大米等生活必需品,及时解决了贫困户的生活困难问题;临县易卖通电子商务公司为夕阳红敬老院和兔坂镇学校累计捐赠 14 万元;临县黑龙物流有限公司为玉坪乡李家塔村 60 岁以上的老人捐赠 2 万元,解决贫困老人的生活困难问题。

民营企业家也非常重视教育问题,通过教育扶贫为贫困户家庭的学子做力所能及的帮助。比如山西新晋商酒庄集团出资 3.5 万元给石楼中学捐赠了 1 台打印机及其他教学教具,还联合山西汾酒集团公益基金会给石楼县第七小学捐赠国学机 168 台、国学读本 1000 本,总价值约 20 余万元;汾阳王酒业向吕梁市慈善总会捐款 10 万元,远峰新东辉能源、杏花德胜酒业、昌瑞房地产等企业向石楼学子捐款 10 万元,用于改善石楼学子的学习设施;大运九州集团 2016 年捐资 1.2 亿元建设了大运幼儿园、大运小学、大运初中,通过教育扶贫,解决贫困地区教育资源不足的问题;全国首家慈善职校——太原慈善职业技术学校,立足山西,秉持"下苦功读书练技,出好活养家报国"的理念,扶危助困,行慈善之实,以 99% 的高就业率帮助贫困家庭,以教育扶贫形式助力脱贫攻坚,又为全国首家慈善技校,丰富了全国职业教育类型,数十年来扎根龙城,努力耕耘,奉献社会。新晋商着手教育扶贫,起到了预防贫困的作用,利于阻断贫困的代际传递现象。

新晋商通过捐款捐物进行公益扶贫,免费捐资进行教育扶贫,为贫困地区与贫困群体提供力所能及的帮助,给予他们物质上的关怀和心灵上的慰藉,希望能解决其现实困难,改善生活条件,提升教育水平,从而实现贫困治理的应有之义。

五、易地扶贫搬迁破解地域限制

易地扶贫是脱贫攻坚的"头号工程",也是最难啃的"硬骨头"。对居住在生存条件恶劣、生态环境脆弱、自然灾害频发等地区的农村贫困人口,应加快实施易地扶贫搬迁工程。易地搬迁是解决一方水土养不好一方人,实现贫困群众跨越式发展的根本途径,也是打赢脱贫攻坚战的重要方式。易地扶贫是指将生活在缺乏生存条件地区的贫困人口搬迁安置到其他气候环境、生活环境适宜居住的地区,并通过改善安置区的生产生活条件、调整经济结构和拓展增收渠道,帮助搬迁人口逐步脱贫致富。在攻坚深度贫困的征程中,每个县市都有许多民营企业勇挑重担、主动作为,积极实施易地扶贫搬迁,确保了区域内所有项目能顺利开工、按期入住,确保贫困户"搬穷窝、换旧业、稳得住、能致富",生活条件得到极大改善,生活水平得到极大提升。

新晋商在易地扶贫搬迁中的表现为:吕梁市民营企业主动承担社会责任,在易地扶贫搬迁的集中区域,建设劳动密集型项目,致力于解决搬迁村民的就业问题;方山县的民营企业家出资出力在圪洞镇、大武镇修建移民安置房7栋,用来安置方山县的精准扶贫户,改善其居住条件,提高其生活水平;岚县的伟厦广业集团以垫支方式,让利承建全县最大的易地扶贫搬迁项目,仅用一年半的时间,工程就建成并交付使用,共可安置贫困人口9334人。

新晋商进行的易地扶贫搬迁模式,实际上是对生活环境、地缘问题的破解,是对抗恶劣生活环境的有力举措,将处于生存条件较差区域的贫困人口整体进行搬迁,并提供就业机会,改善了贫困户的居住条件,提高了生活水平,增加了其积极就业的信心,有助于实现脱贫致富。可以说,易地扶贫搬迁工程是对贫困户恶劣生活环境进行改善的重大工程,是一项"功在当下,利在千秋"的扶贫举措。

第二节　新晋商参与贫困治理的成效和经验

多年来,新晋商一直积极响应国家与省委省政府的号召,热心投身于贫困治理事业，在不断地探索实践中形成了多种多样的扶贫形式，这些方式方法都是在实践中总结出来的，取得了一定的成效，对于贫困户的脱贫过程产生了很大的推动作用，有利于脱贫的顺利完成，也有利于精准扶贫战略目标的实现。所以，总结新晋商参与贫困治理的成效与经验具有一定的现实意义与实践价值。

一、新晋商参与贫困治理的成效

新晋商能够高效管理、汇集资源广泛、创新意识强，并聚集了大量优秀人才，可以通过各种渠道融合各种有用的信息资源。他们积极参与扶贫开发，与政府部门、社会组织、人民群众等形成脱贫攻坚合力，是山西省贫困治理的有生力量与可靠资源。新晋商参与贫困治理取得了一系列成效，为贫困群体后续发展提供了经验。

（一）推动了贫困群体脱贫致富的进程

2016 年以来，山西省工商联、省扶贫办和省光彩会认真贯彻中央和省委精神，开展"千企帮千村——精准到户"扶贫行动，按照市场导向、农企双赢的要求，动员全省 1000 家以上民营企业参与帮扶 1000 个以上贫困村，增强贫困地区的"造血功能"。到 2017 年 1 月，就有 1555 户民企和商会与 1642 个建档立卡贫困村建立结对帮扶；帮扶活动带动 4.8357 万户的 10.5146 万贫困人口摆脱贫困；各类投资 65.7 亿元、捐资助困助学助残 4200 多万元、解决就业 3 万多人。

新晋商参与贫困治理推动贫困户脱贫致富体现在：振东集团多年来积极投身以扶贫为主的光彩事业，把山西平顺、武乡、浑源等国家级贫困县以及贵州、新疆等地作为中药材规范化种植及野生抚育基地，并为贫困户免费提供种子、免费技术指导、免费技术培训、承诺价格保护，确保农户种植的增收致富。集团将建设中药材种植基地和精准扶贫的国家扶贫战略有机结合起来，既保证了原材料来源，又促进基地所在区域的经济良性发展和贫困群众的脱贫致富，这可以说是新晋商参与贫困治理的一个典型案例。如今，全县中药材种植总面积达到 56.63 万亩，年产值 3.38 亿元，发展中药材重点村 233个，种植和经营中药材 3.6 万户，直接带动 3.5 万贫困人口，年人均药材收入 3700 余元。振东集团党委还按照省委"四为四高两同步"总体思路和要求，以大健康产业产品为抓手，作为"山西药茶"产业联盟牵头单位，立志将药茶产业打造成山西名片，把"山西药茶"打造成"中国第七大茶系"，成为农民增收致富的"新引擎"；吕梁泰化集团实行村企一体的"三转三化"模式，在离石区康家岭村投资 4600 万元，村企联建泰瑞生态农业园，流转土地3200 余亩，营造生态防护林 2000 亩，建成了 3400 平方米的产业扶贫示范基地，通过土地整体流转、劳动力整体转移、农业产业整体转型，实现生产经营企业化、生活方式城镇化、村企联建一体化的"三转三化"精准帮扶措施，助力该村农民人均年收入由 2023 元增加到 6000 元以上，最终该集团的扶贫模式得到了国务院扶贫调研组的充分肯定。

新晋商推动贫困户脱贫致富还体现在：紫团公司是一家以农业综合开发为主的龙头企业。该公司坚持"公司＋基地＋合作社＋农户"发展模式，通过产业带动、农户入股等形式，带领贫困户种植食用菌，辐射带动周边 1 市 9县 30 个合作社，8500 余农户进行菌类的种植，贫困户投入了时间和精力，实现了丰收，其中户均可增收 1.2 万元。该项目可年产食用菌产品 6 万吨，解决就业岗位 2000 个左右，安置了大量的贫困户群体就业，每年可安排 5000人次接受食用菌种植技术培训，间接辐射带动上万人从事加工食用菌及相关产业的劳动，推动了相关区域贫困户脱贫致富的进程；晋星牧业集团从创立之初，董事长李建平就确立了"以质量求生存，向管理要效益"的企业宗旨，充分发挥农业产业化龙头企业的引领带动作用，积极推行"公司＋基地＋农户"的产业运营模式，坚持传播科学的养殖技术，对贫困户进行技能培训，帮助贫困户脱贫致富，有效促进了当地农业产业结构的调整和贫困户的脱贫致富；汾西县洪昌养殖有限责任公司在汾西县 9 个乡镇筹建 90 个每批出栏3 万只肉鸡的现代化养殖大棚和年屠宰 2000 万只的肉鸡屠宰加工厂，可带动2700 户建档立卡贫困户发展肉鸡养殖，直接安置建档立卡贫困人口和农村剩余劳动力 2300 余人，带领当地贫困户脱贫致富。

新晋商参与贫困治理，首先为贫困群众拓宽了增收渠道、增加了收入，改善了生活，使得贫困户实现了脱贫致富的蜕变，取得了良好的经济效益；其次，使得贫困区域与贫困户有了增加收入的产业与本领，激发了贫困户脱贫的内生动力，唤醒了贫困群众对美好生活的追求，极大提振和重塑了贫困群众自力更生、自强不息，勤劳致富、勤俭持家，创业干事、创优争先的精气神，增强了脱贫致富的信心和劲头。[1]最后，使农村的经济得到了协调与可持续发展，为后续发展积淀了资金优势，而且也有利于企业社会资本的积累，增强企业的竞争力，使得企业在市场竞争中处于有利地位，促进企业向纵深层次发展。

（二）为贫困群体后续发展提供了保障

民营企业通过产业扶贫和就业扶贫，在扶贫地形成特色产业，并采取系列保护措施，由扶持企业承担风险，贫困户与企业共享收益，激发了贫困户脱贫的动力，为贫困群体后续发展提供了保障，同时也培育了当地产业强劲的生命力与活力，为企业在相对贫困时期的良性发展奠定了坚实的基础。

新晋商厚植经济快速发展趋势，通过各种形式的扶贫项目，为贫困户的后续发展提供了保障。比如振东集团投资 5.5 亿元，扶贫惠及除平顺县 241 个贫困村 48000 多贫困人口、长治 12 个乡镇 156 个贫困村 12800 贫困户 35600 贫困人口外，还在武乡、沁县、大同浑源、吕梁、新疆、贵州、山东、江西等地建立了中药材种植基地，共惠及 10 万多贫困农户。振东集团积极建设中药材种植基地的扶贫举措，开发了贫困区域的优势土地、气候资源，使得企业与贫困群体在互动的过程中实现了共同发展，同时也为企业与贫困户的发展提供了后续保障；潞宝集团扶持农户进行养殖，只要有能人大户带头实施精准扶贫，自建肉鸡养殖场，则集团一律给予扶持。在建鸡场的过程中，企业还就一些技术性问题进行指导与培训，提高养殖概率。在肉鸡出栏前，企

---

[1]《人类减贫的中国实践》白皮书 [EB/OL].中央人民政府网站，http://www.gov.cn/zhengce/2021-04/06/content_5597952.htm，2021-05-01.

业与养殖合作社（户）签订了"三固定五统一"的代养合同，提出市场风险由企业承担，养殖户只承担养殖风险的建议。潞宝集团这种扶持贫困户养殖肉鸡，并提供免费技术支持的扶贫举措，减弱了贫困户养殖风险，增强了贫困户的养殖意愿，为贫困户的后续发展提供了稳定的基础；山西焦煤集团在清徐县兴建现代农业园区，建成了日光大棚、智能温室、生态餐厅、无公害应季果蔬采摘棚等，并形成了产、供、销一体的运营模式，集团还积极招聘当地农民就业，为贫困群体的后续发展提供了保障，助力当地农民增收致富；吕梁泰化集团对基地的农业设施进行建设，带动小神头等周边村民发展了 120 多个蔬菜大棚，还对农户进行无偿的技术培训，实现了种植与销售的有机统一，形成了收益性较高的农业产业模式，增加了贫困户的收入，改善了贫困户的生活，同时为贫困户的后续发展奠定了基础，为贫困户在后扶贫时代的发展指明了方向。

新晋商依托当地的资源与气候优势，创新产业模式，帮助贫困户以及贫困群体建立脱贫项目，改善了农村的产业环境，增加了就业机会，提升了脱贫技能，激发了贫困户自我造血的内生动力，为贫困户在脱贫后提供了后续发展的机会。新晋商还为有一定基础知识的贫困户提供学习管理、营销知识的渠道，提高贫困户的营销能力、自我经营能力，这样既增强了贫困户脱贫致富的信心，也增加了扶贫项目的成功率。可见，新晋商对贫困户做到了"扶志"与"扶智"的结合，不仅授之以鱼，还授之以渔，为贫困地区发展夯实基础、积蓄后劲，利于阻断贫困的代际传递现象，从而巩固精准扶贫成效。

（三）塑造了新农村的新风貌

民营企业在积极参与贫困治理的过程中，不仅帮助贫困群体实现了经济上的脱贫，更对其思想方面进行了大幅度的提升，使贫困群体拓展了见识，激发了斗志，点燃了希望。民营企业通过系列产业扶贫、技能培训、就业扶贫，既扶贫更扶志还扶智，不仅向贫困群体输送了新晋商"筚路蓝缕、白手起家、奋发图强、坚持不懈、以人为本"的奋斗精神，更展示了"撸起袖子加油干""而今迈步从头越""百二秦关终属楚"的晋商精神，丰富了群众的文化生活，激发了群众脱贫致富的动力和塑造新农村新风貌、实现乡村振兴的美好愿景。

新晋商在贫困治理过程中推动重塑农村新风貌的典型案例为：振东集团主要种植中药材，而中药材的生长具有花期，各种中药材会根据不同的时节与气温进行开花，交替进行，每月开花的品种都不一，花色各异，增加了观赏性，同时也带动了当地旅游业的发展。中药材种植区域休闲旅游业的开发，还能够带动当地服务业的发展，使当地贫困户通过发展服务业增收致富。不少贫困户进行农家乐餐饮的经营，拓展了贫困户的增收空间，助力贫困户脱贫致富。可见，振东集团的扶贫行动不仅促进了当地产业的发展，还依托种植业发展旅游业与服务业，扩展了当地的扶贫项目，优化了当地的产业形式，增加了贫困户的收入，促进了新农村的发展，有利于美丽乡村的建设，也有利于乡村振兴宏伟蓝图的早日实现。

民营企业参与贫困治理促进新农村建设成效显著。沁新集团是一个以能源工业为主导产业的民营集团化公司。近年来，集团积极响应党和政府"工业反哺农业"的号召，认真履行企业社会责任，把参与当地扶贫产业开发建设纳入企业发展的整体规划之中，截至目前，捐款捐物额累计已达1.3亿余元，并先后投资5000余万元，用于驻地新农村帮扶建设，取得了村企共赢、相互促进、共同发展的良好社会效果。沁新集团积极参与精准扶贫行动，助推贫困户发展，谋求农村的良性循环发展，致力于实现乡村振兴目标的实现，取得了可人的成绩；山西戎子酒庄有限公司自建厂以来，积极参与新农村建设，通过直接安排周边农村剩余劳动力200余人，间接在工程建设、餐饮娱乐、采摘生产等方面为社会增加2000余个就业岗位，为贫困户就业提供了机会，带动周边百姓增收致富，从而利于更好的投身于新农村的建设，实现乡村振兴的宏大目标。

新晋商积极投身于贫困治理中，通过各种形式帮助贫困区域以及贫困群体摆脱贫困。首先，助力农村水、电、路、网等基础设施的建设，保障贫困户生活；其次，与村委会进行对接，对村规民约、乡俗、村土文化进行广泛宣传，使之深入化、常态化；最后，鼓励贫困户学习各种技能，提高脱贫能力，实现脱贫致富。新晋商参与扶贫的行动也是一种对乡村产业的建设，使乡村产业灵活化、多样化与丰富化，提高了乡村产业适应市场化的能力，利于塑造新农村的新风貌，擘画新农村发展的美好蓝图，进而加速乡村振兴宏大夙愿的尽快实现。

二、新晋商参与贫困治理的经验

新晋商积极响应国家和省委省政府的号召，在不断地探索中通过多种形式参与贫困治理，取得了显著的成效与经验，而这些有益经验在后扶贫时代的相对贫困治理中也会发挥一定的作用，应继续总结与推广。

（一）党建是新晋商积极参与精准扶贫的指引

习近平说过："非公有制企业党建工作在整个党建工作中越来越重要，必须以更大的工作力度扎扎实实抓好。"[1]非公企业党建，既是开展党建工作的着力点和重要平台，也拓展了党建工作思路和功能，更是加强社会治理的要求和需要。[2]可见，在新时代，加强民营企业的党建非常必要，在此基础上能更好地以党建促进民营企业积极参与相对贫困时期的扶贫实践。

党建对民营企业的发展具有重要作用：首先，党建为民营企业的发展指明了方向。在党建的指引下，民营企业有了正确地发展战略与目标，企业在理解国家宏观战略与大政方针的前提下，选择正确的发展道路，可以促进企业产品技术的革新与良好企业品牌的建立，减少企业因信息掌握不完全，对市场的分析不够而带来的隐性风险，促进企业与国家发展的同频共振。其次，党建利于凝聚共识。在党建的指引下，企业中的党员干部发挥模范带头作用，带动其他员工学习党的相关知识，在共同进步的同时增强了团队意识，有利于工作的全面开展，对企业的健康发展也起到极大的推动作用。再次，党建

[1]全国非公有制企业党建工作会议在京召开习近平会见会议代表并讲话[EB/OL].央视网，http://news.cntv.cn/program/xwlb/20120321/120102.shtml，2012-3-21.
[2]党齐民.经济发展新常态下加强非公有制企业党建工作研究[J].理论学刊，2017（2）：53-57.

利于弘扬企业文化。在党建的指引下，企业员工将个人的理想信念和奋斗目标与企业的良性发展有机结合起来，在实现自我价值的基础上，传播优秀的企业文化，塑造良好的企业氛围，在将党建融入员工培养、企业发展与管理的过程中，增强企业文化软实力。最后，党建激发员工对企业的归属感。企业可以通过举办有特色的党建活动，使员工对企业有一种强烈的归属感与参与感，有利于培养员工的主人翁意识，激发员工的创新意识，提高了企业的生产效率，从而实现企业与员工的双向共赢。

在党建过程中最突出的是党风建设。在企业内部，党风建设可以使企业形成廉洁高效、自律严谨的工作作风，提升遵纪守法的意识和整个企业的商德文化，为民营企业的健康发展奠定了良好的内部基础；在企业外部，党风建设使得企业充分发挥各级党组织的作用，着力于树立诚信经营的企业品牌，承担更多的社会责任，调动新晋商参与精准扶贫的积极性，积极投身于贫困治理事业中，帮助贫困户尽快脱贫致富。可见，在党建的指引下发展，是民营企业帮助贫困户尽快脱贫的有效指引，是树立企业良好形象、推动企业健康发展以及助力企业转型升级的关键之举。

民营企业党建做好了能促进生产力的提升，做大了能增强企业的竞争力，这种观念正成为越来越多民营企业家经营企业的普遍观念。新晋商中有不少企业都很重视党建，用党的思想做行动的指引，如山西振钢化工有限公司自创建之初，就成立了中共振钢联合支部委员会，以培育员工社会公德、职业道德为基础，以提高企业知名度、美誉度和增强企业凝聚力、竞争力以及生产力为目的，坚持以人为本的企业文化建设，积极参与公益扶贫事业；山西沁新能源集团股份有限公司党委书记、董事长兼总裁孙宏原把"将党员培养成优秀的管理者和技术骨干、将优秀的员工培养成党员"的"双向培养"作为企业党建的工作重点，通过实行党组织和经营组织交叉任职，使党的工作和生产经营相结合，确保了党的工作覆盖到企业经营活动的所有领域。企业经理层以上成员9人中有8人是党员，从中层领导乃至采煤班长全部由党员担任。经过20多年发展，沁新集团成为一艘拥有7500名员工、"以煤为基，多元发展"的巨型航母，涉及煤、焦、电、冶、材料、机械、物流及农林八类产业。从 2000 年至今，沁新集团捐款捐物额累计超 1.3 亿元，特别是集团多年来倾力驻地新农村帮扶建设和安排驻地农民就业，实现了村企共赢、相互促进、共同发展的良好社会效益，切实履行了一个企业的社会责任，集团也因此获得"山西希望工程 20 年贡献奖"的殊荣；振东集团自 1996 年成立党组织以来，坚持把党建引领作为企业高质量发展的"根"与"魂"，深入实施"铸魂工程"，推行"三管机制"，以党建引领助推企业实现经济和社会效益双提升。

综上可知，党建为新晋商积极参与贫困治理提供了指引。党建指引下新晋商参与贫困治理就是把党的政治优势、组织优势、制度优势、动员优势转化为企业的经营与发展优势。在党建的指引下，在良好政策背景的牵引下，不少民营企业积极地投入了大量的人力和物力参与到贫困治理中，取得了显著成效，为打赢脱贫攻坚战做出了极大贡献。在扶贫的过程中，党与民营企业和贫困户建立了良性、互动、循环的扶贫关系，是一种相互促进、相互成长，朝着共同目标持续推进的密切合作关系，正是这种良性互动的关系为打赢精准扶贫的攻坚战提供了持续不断的动力源，而这也将在后扶贫时代发挥重要作用。

（二）政府领导是新晋商参与贫困治理的保障

民营企业应把握政策优渥的绝好时机，充分利用政策红利形成的杠杆效应，[1] 进一步助力贫困户脱贫。民营企业参与贫困治理需要依靠政府的引导和政策的激励，政府需要加强顶层设计，进行组织保障，鼓励民营企业主动参与到贫困治理中，激发民营企业作为市场不可或缺的主体参与贫困治理行动的活力，将企业的优势资源与信息渠道有效地运用到对贫困户的帮扶行动中，通过建立良好的扶贫项目助力贫困区域以及贫困户尽快实现脱贫致富。

由中共山西省委、山西省人民政府、全国工商联和中国侨联主办，省委统战部、省工商联牵头承办，旨在促进民营企业发展、弘扬晋商精神、传播

---

[1]王秀伟，李晓军.发挥民营企业在乡村旅游中的主导作用[N].中国社会科学报，2021-02-23：（6）.

晋商文化、凝聚晋商力量、再现晋商辉煌，促进山西转型跨越发展的首届世界晋商大会于 2012 年 8 月 19 日至 20 日在太原隆重召开。"万企帮万村"精准扶贫行动由全国工商联、国务院扶贫办、中国光彩会于 2015 年 10 月发起，以民营企业为帮扶方，以建档立卡贫困村贫困户为帮扶对象，以产业、就业、公益、智力扶贫为主要帮扶形式，帮助贫困村加快脱贫进程，具有参与企业多、帮扶力度强、工作成效大、社会效果好等突出特点，已成为社会扶贫的一个亮丽品牌。全国"万企帮万村"精准扶贫行动电视电话会议和山西省脱贫攻坚大会召开后，省工商联、省扶贫办和省光彩会高度重视，由省工商联牵头共同起草了《山西省民营企业"千企帮千村——精准到户"扶贫行动实施方案》，成立了由三家单位负责人组成的行动领导小组，2016 年 5 月正式下发组织实施。同时，制定了民营企业精准扶贫 2016 年行动计划。在此基础上，各地市细化指标和任务，纷纷开展"百企帮百村"活动，民营企业在各级政府的关怀和领导下积极有序参与精准扶贫，大企帮村（一村或多村）、小企帮户，因地制宜、因企制宜、灵活多样，为坚决打赢全省脱贫攻坚战做出积极贡献。例如为响应全国工商联、国务院扶贫办和中国光彩会"万企帮万村"精准扶贫号召，亚宝药业投资 1000 万元，与山西运城 3 个贫困村签订帮扶协议，计划用 5 年时间使这 3 个村完全脱贫，实现共同富裕。

山西省委、省政府很重视民营企业这支重要力量。2017 年 3 月，"晋商晋才回乡创业创新"工程启动大会在京举行，邀请海内外晋商晋才回乡创业创新，时任省委书记骆惠宁发出"深情呼唤"，晋商晋才共同助力山西发展，共同助力家乡建设。2019 年 4 月，山西省委统战部、省工商联又借清明节异地晋商返乡祭祖之机，组织召开了"新时代新晋商助推山西转型发展山西商会负责人座谈会"，全国 60 多家异地山西商会负责人齐聚太原，共话乡情，共谋发展，共创佳绩。例如山西长子县政府鼓励当地的民营企业发挥强大的资金储备、收集信息以及精准有效的管理方面的优势作用，牵头民营企业与贫困户签订合作协议，鼓励贫困户种植农副产品，在成熟以后以合理的价格收回产品，帮助贫困户增加收入。还通过构建"民营企业 + 合作社 + 贫困户"的扶贫模式，利用合作社吸纳并帮扶贫困户，实现贫困户尽快脱贫致富的心愿。

政府既要积极鼓励民营企业提高贫困治理的参与度和贡献率，同时也要对企业在扶贫过程中遇到的问题与难题及时进行解决。对企业进行的帮扶项目要实时跟踪监测，做好与企业和贫困户的组织协调与沟通工作，做好扶贫项目的统计工作，总结民营企业在产业扶贫项目上的投入度、实施情况以及目前所取得的成效，促使脱贫项目的顺利圆满完成，增强贫困户脱贫的可能性，使企业在承担社会责任的基础上进一步提高参与感、获得感与融入感。

所以，政府领导是新晋商参与贫困治理的组织保障。在政府的领导与组织下，新晋商及时地响应政府的号召，积极地参加贫困治理行动，帮助贫困户培育当地特色的产业项目，支持他们学习种植技能，掌握脱贫本领，增加后续发展能力，最终实现以农促收、脱贫致富。

（三）企业自身发展是新晋商参与贫困治理的基础

"打铁先得自身硬"，民营企业参与贫困治理，需要自身具备良好的实力基础，这个实力不仅包括经济硬实力，更包括企业文化软实力。参与贫困治理的新晋商，都是生长态势良好的企业，他们不仅经济实力强劲，而且注重诚信建设、着力创新转型、关注人文关怀、重视社会责任，因此才能实心实意投身贫困治理，助力脱贫攻坚。当前，精准脱贫工程虽已高质量完成，但是在进入相对贫困时期后，发扬民营企业的优良企业文化，发挥新晋商的商德文化，辐射贫困地区，对于传递新晋商的正能量仍然具有非常积极的影响和作用。

新晋商秉承企业宗旨，勇担社会责任。振东集团历来把承担社会责任当成自己的使命，始终用行动来诠释"与民同富，与家同兴，与国同强"的企业核心价值理念，企业发展态势良好，并且在公益慈善、产业扶贫、抗震救灾等活动中勇于担当、甘于奉献、砥砺奋进、自强不息，为社会传递了满满的正能量，也为其他企业参与公益事业提供了典范，树立了典型。近年来，潞宝集团积极创新，与国内外著名科研院所、商界巨企联手合作，从千万吨级传统煤化工做到百万吨级精细化工，从产业链中做到合成汽油、合成纤维、合成塑料、合成橡胶等产品，广泛应用到航空、机械、制造等领域。[1]潞宝集团还把"发展企业，奉献社会"奉为建厂宗旨。集团董事长韩长安于1994年创建潞宝之初，就写下"致富后不忘众乡亲当年助，办企业让百姓过上好生活"的誓言，并身体力行"政府给我一碗水，我还社会一桶油""民营企业作小是自己的，做大是社会的"等理念。

新晋商注重转换思路，尝试建立现代企业管理的思路，在自己企业所经营领域的基础上进行创新，以实现企业的良性循环发展。以白酒产业为例，酒仙网将传统酒类生意放在互联网模式下运营，垂直分布于全国11个城市，"白酒银行"新晋商酒庄则为品酒爱好者量身定制彰显品位的个性化产品，打造产品的独特性品牌；在医药领域，亚宝药业集团在科研开发项目的选择上，瞄准世界前沿技术，注重高科技含量、高附加值，几年来已经取得了30项发明专利，有近百项重要科研项目正在研发之中；[2]在制造领域，山西乐百利特公司成功研制并批量生产出世界上光色最好的白光LED光源，不仅伴随"嫦娥二号""嫦娥三号"九天揽月，还点亮了奥运之光、扮靓了世博场馆、装点了人民大会堂，使我省一跃成为国内绿色照明产业的领跑者；山西天元绿环科技股份有限公司，开展废旧电器回收无害化处理业务，成为首批取得环保部批准的废弃电子电器处理资质的企业。这些企业在原先产业的基础上与市场走向充分结合，即在政策与市场的同频共振下，企业对其发展方式进行创新，谋求企业的优质良性发展，在壮大企业规模的基础上，积极地投身于贫困治理事业，致力于企业与贫困户的共同发展。

企业和企业家都需要着眼于国内和国外的发展趋势，关注相关政策走向，敏锐地捕捉市场动机，提高分析相关信息的能力，并在此基础上开阔眼界，不断成长。同时企业家还要有果断的决策定力，根据前期的调查结果深入分析市场信息，为企业的进一步发展规划出清晰合理的路径，推动企业向更高水平发展。企业在良性循环发展的情况下，积极投身于扶贫事业，可带动农村贫困人口尽快实现脱贫致富，进而完成脱贫攻坚的宏大任务，也可扩充和

---

[1]郝薇.提振精神 做时代的新晋商[N].山西经济日报，2012-06-06：（3）.
[2]郝薇.提振精神 做时代的新晋商[N].山西经济日报，2012-06-06：（3）.

完善民营企业发展的社会资本，构建"亲"和"清"的新型政商关系和有利于民营经济发展的营商环境，促进企业的良性发展，最终实现企业与贫困户的互建互信、互利共赢、互融共生。

（四）因地制宜发展产业是新晋商参与贫困治理的关键

习近平曾强调，要立足当地资源，宜农则农、宜林则林、宜牧则牧、宜商则商、宜游则游，通过扶持发展特色产业，实现就地脱贫。[1]民营企业组织结构的扁平化和经营方式的灵活性决定了其能够善于根据当地特征，整合有利资源，培育优势产业，选择最佳的扶贫策略，充分发挥本土经济、草根经济、民生经济的特色，因地制宜盘活乡村各类资源，营造产业扶贫的新路径，满足多样化的市场需求，帮助家乡贫困户尽快脱贫，并增长脱贫技能，最终造福家乡百姓。

振东集团和潞宝集团就是新晋商因地制宜发展的两个典型：振东集团帮助平顺县扩大中药材种植面积。平顺县地处太行山南端，境内东南高西北低，山大坡广，植被丰茂，区域化差异十分明显。独特的地貌特征和气候土壤条件孕育了丰富的中药材资源，且品质优良。虽然平顺县中药材种植历史悠久，但一直以来都是小范围种植，通过多年来振东的带动和支持，平顺百姓吃下了定心丸，纷纷开始大面积种植中药材，并建立了一些"中药材小镇"，这些小镇以当地峡谷、山地、村庄、田园等多层次的环境为基础，依托太行乡村绿水青山的优美环境，打造出原味的太行民居区和康养小镇区，形成了"农旅结合、以农促旅、以旅强农"的现代产业格局，带动了当地乡村发展。振东集团的帮扶形式，提高了贫困户种植的积极性，也打响了地道的中药材品牌。平顺县因地制宜，把培育中药材特色产业作为推动脱贫攻坚的根本出路，通过政府引导、部门联动、龙头带动、合作共赢，全力打造中药材全链条的产业模式，走出了一条太行山区产业扶贫新路径，越来越多的农民通过发展中药材走上了致富路，实现了脱贫致富。潞宝集团从省级贫困县沁县的地理

---

[1].习近平在中央扶贫开发工作会议上的讲话[EB/OL].新华网，http://www.xinhuanet.com//politics/2015-11/28/c_128478629_2.htm，2015-11-27.

和传统产业优势出发，在沁县成立了山西沁州黄农业产业园区，大力发展现代农业产业，已成为全省农业产业化龙头企业之一。集团已为沁县精准扶贫事业投入 10 多亿元，解决 2 万多个贫困户脱贫致富，带动了当地整体经济的发展。如果两个集团没有因地制宜发展产业，那么效果肯定没有这么明显，脱贫进程也没有这么顺畅，所以必须因地制宜发展产业，实事求是地推进脱贫进程。

综上可知，因地制宜发展产业是新晋商参与贫困治理的关键。新晋商在参与扶贫的过程中根据贫困地区及人口的客观现实与实际情况，找准了"穷"根，在发挥贫困地区资源优势的情况下，因地制宜探索脱贫创新举措，引导贫困户发展有特色、有广大市场与发展前景的产业，有效减少因对资源的不合理配置而产生的浪费土地资源与人力资源的现象，增强了资源配置的灵活性与可操作性。新晋商还可进一步帮扶贫困村调整产业结构，通过增加岗位以扩大就业范围，助力帮扶村脱贫，促进贫困户与贫困地区的良性发展，对企业的进一步转型升级也具有极大的促进作用。

第三节　新晋商参与贫困治理的不足

新晋商参与贫困治理已取得显著的成效，为我国脱贫攻坚战的圆满完成贡献了智慧与力量，是脱贫事业中不可缺少的组成部分。但新晋商参与贫困治理也存在一些问题，还需加以研究、总结、提升，且逐渐拓展成为山西省多主体贫困治理和山西省民营经济更新发展的重要内容与关键举措。现有扶贫形式主要针对农产品进行产销，市场化程度偏低，产品附加值低，组织化程度低，永续性水平低，长此以往，不仅不利于脱贫工作的可持续性，不利于相对贫困时期贫困户的发展，而且对于民营经济整体而言也会造成负面影响，不利于扶贫工作的持续开展与企业的良性循环发展。

一、产品市场化程度偏低

"莫道农家无三宝，遍地黄花是金针"，新晋商参与产业扶贫的形式主要为农产品种植与产销，例如大同市扩大了黄花菜的种植面积，忻州各县主要致力于小杂粮的大范围种植，隰县着重打造玉露香梨品牌，而平顺县主要种植连翘、党参等中药材。

首先，贫困户以种植农产品为主。山西作为我国脱贫攻坚的重点省份之一。全省近一半县是贫困县，贫困地区多数分布在沟壑纵横、自然条件恶劣的太行山和吕梁山两大连片特困地区。因山西省大部分地区为贫困地区，且生态环境较差，所以农户一般以种植农作物为主，相应的企业进行产业扶贫时所从事的也是一些产业链条比较短、周期比较长以及利润比较低的产业，即将农户的农产品收集起来，在加工的基础上出售，产品的市场化程度偏低、附加值偏低、科技含量也比较低，在市场上不占据有利的位置。而且，农业作为第一产业，受季节性因素的影响较大，例如苹果、梨等水果的生产具有季节性，易受气候的影响，加之贫困地区的冷藏手段及技术局限保存期限有限。所以，气候因素会影响作物的成长与产量，不利于贫困户的持续稳定增收，也对企业的经营利润产生负面影响。

其次，企业的发展规划与市场需求脱节。部分企业并没有对种植的产品，市场信息以及销售出路进行充分的考察与评估，缺少规划与调研，对一些市场需求比较少、零售价格比较低的农副产品进行种植，例如种植核桃、柿饼、土豆等农产品，种植量较大，使得这些产品在出售时面临"供大于求"的现象，容易出现滞销，可能售不出理想的价格，会打击贫困户的积极性与热情，不利于贫困户后续发展，也不利于企业的经营发展。

最后，农产品的包装与宣传推广相对欠缺。山西省一直很重视粮食等农作物的种植，2020 年，全省农作物种植面积 354.15 万公顷，其中，粮食种植面积 3130.0 千公顷，油料种植面积 88.3 千公顷，蔬菜种植面积 189.0 千公顷。在粮食种植面积中，玉米种植面积 174.22 万公顷，小麦种植面积 535.9 千公顷。果园面积 381.1 千公顷。[1] 在山西省，玉米、小麦、土豆等粮食作物在农业生产中占据较重要的地位，所以粗粮的种植面积比较大，在满足农户需求的基础上可进行对外出售。随着社会的发展与进步，人民对美好生活的追求越来越强烈，对饮食健康安全也愈加重视，在此前提下，粗粮有了一定市场，受到了大众的青睐。但是，虽然贫困地区的杂粮品种比较多样且丰富，却没有形成自己独特的品牌形象，宣传推广面窄，产品市场化程度偏低，知名度比较低，在市场竞争中处于劣势地位，不利于农产品销售，影响贫困户收入，阻碍企业发展。

二、部分项目缺乏系统规划

一些企业对产业扶贫的部分项目缺乏科学合理规划，出现了盲目性，对于相关产业在发展过程中出现的问题与难题也缺乏合理的认识，不利于项目长期发展，不利于贫困户增收，不利于企业发展，也不利于后扶贫时代企业与贫困户的共同发展。

首先，产业初期规划不足。部分企业对产业的规划意识不强，对产业发展缺乏规划性，易造成资源的浪费。例如有些企业的产业扶贫只局限于种植业，而对投资比较大、回报比较多但是见效比较慢的产业，例如旅游业的投入则因缺乏投资及系统规划而涉及面较窄，缩小了扶贫方式，减弱了扶贫效果；有些企业对农产品的属性以及市场规律缺乏深入的了解，盲目种植一些市场需求量小且市场价格低的产品，这无疑是不利于产品倾销的，也会影响贫困户收入；有些企业为了获得扶贫资金，匆忙建立产业项目，在建立后，没有投入充足的资金、财力与物力去实施，因初期建立项目的意愿不足，随后又缺少后续的投入，所以产业建设一直停留在较初级的阶段，没有达到产业扶贫的目的，也不会对贫困户的收入产生实质性影响。

其次，土地缺乏系统规划。马克思指出，土地是一切生产和一切存在的

[1]山西省2020年国民经济和发展统计公报 [EB/OL].山西省统计局网站http://www.shanxi.gov.cn/yw/sxyw/202103/t20210319_883308.shtml，2021-3-16.

源泉，是人类不能出让的生存条件和再生条件。土地是人类赖以生存和发展的重要物质基础，是不可再生的有限资源和宝贵财富。土地由于其物理特性，具有承载万物的功能，因而成为人类进行一切生活和生产活动的场所和空间，成为人类进行房屋、道路等建设的地基，由此可见，土地在人类生存中具有重要的作用。在新晋商参与扶贫中，某些地方的产业只是将重心放在了农产品的种植与销售上，而对土地的投入、经营管理以及规划相对缺乏，这样的种植可能无法保证土壤的肥力，影响来年产品的质量和产量，在产品市场化程度偏低的情况下影响出售，对农户的收入形成不确定性影响，不利于贫困户发展，不利于贫困户脱贫致富，也会对企业的良性发展产生阻碍作用。

最后，部分民营企业带动力弱，长期规划不足。一些企业在进行农业扶贫时因其所掌握的生产技术与生产工具比较落后，主要以种植农业为主，再加上土地肥力不足，导致其生产的产品技术含量低，档次不高，产量也不是很乐观，不利于宣传与销售。在种植期结束后，农户生产出来的产品种类较为单一，没有进行广泛的宣传推广，品牌意识弱，市场竞争力低，导致企业的整体竞争力较弱，最终难以获得预期的经济利益及价值。部分民营企业没有对进行扶贫的产业进行合理规划，提高相应的生产技术与水平，带动能力弱，影响扶贫任务的完成，也会对企业的循环发展产生不利影响。

三、永续性水平低

新晋商通过多种形式积极参与扶贫攻坚任务，取得了显著成效，有利于贫困户增收，但是在扶贫任务完成后，相应的企业也会陆续撤出扶贫项目，独留贫困户面对已建立的项目，给贫困户造成困难。可见，新晋商参与贫困治理面临永续性水平低的问题。

首先，产品附加值低，永续性差。新晋商对贫困户的产业扶贫多为农产品扶贫，注重发展农业与种植业，这是一种投资少、产量大，但是市场化程度偏低、附加值低的产品。这种以第一产业为主的扶贫不像以其他产业为主的扶贫一样，产品附加值低，扶贫见效慢，永续性较差，不利于贫困户的持续发展，不利于脱贫攻坚成果的巩固，也不利于相对贫困时期脱贫工作的可持续性。

其次，企业为主的扶贫主体难以持续。大多数民营企业参与扶贫是为了积极响应国家和省委省政府的号召，力争在履行社会责任、提升企业形象以及扩大企业发展的基础上响应国家相关政策的号召，建立扶贫项目，帮助贫困地区以及贫困户建立脱贫的机制，增加就业的机会，提升脱贫的技能，助力贫困户尽快脱贫。尽管一些企业在投入扶贫项目中也牺牲了自己企业的部分经济利益，但是在贫困户脱贫后，相应的企业陆续退出扶贫项目，将资金回归到企业自身项目的发展上，或者是相应减少对扶贫项目的投资，例如缩小种植范围与面积，将技术资本陆续退出已建立起来的扶贫项目。可见企业扶贫的永续性较低，以企业为主的扶贫主体在扶贫任务完成后是难以继续全身心投入到产业扶贫项目中的，而这不利于扶贫工作的持续开展与企业的良性发展。扶贫是一项长期性的工作，要想建立企业扶贫的常态效应和贫困村脱贫致富的长效机制，就应该把贫困户和企业的自身发展紧密结合起来，建立利益共同体，共同面对相对贫困时期的各种困难，实现优势互补、互惠共赢、互融共生。

最后，贫困户与企业关系可持续性差。贫困治理过程中，民营企业响应国家和省委省政府的号召，获得相应的扶贫资源，进行扶贫项目的筹建，所以在产业扶贫项目取得成效和赚取利润后，企业分得了大部分利益，而农户则相对来说获益较少，企业与贫困户之间出现了利益分配不均衡的现象。贫困户与企业虽然实现了双赢，但是利益分配不均衡，存在失偏的现象，造成贫困户与企业之间关系紧张，使得贫困户与企业关系可持续性差，不利于产业扶贫机制的持续发展，也不利于企业与贫困户和谐关系的后续维持与发展。

第四节 新晋商参与贫困治理的完善

脱贫攻坚是国家治理体系和治理能力现代化在贫困治理领域的成功实践。打赢脱贫攻坚战，促进了国家贫困治理体系的完善，贫困地区基层治理体系进一步健全、治理能力显著提升。[1]中国的贫困治理模式成功地将执政党的政治领导力转换为一种现代化的国家治理能力，将贫困人口的个人福利上升到国家战略的高度，发挥了中央权威的理性化优势，激发了地方政府与社会协同治理的活力。[2]当前，新晋商参与贫困治理仍存在问题，长此以往，不仅不利于脱贫工作的可持续性，对于民营经济整体而言也会造成负面影响。因此，研究新的企业参与扶贫形式，对新晋商参与贫困治理的形式进行完善，可在借鉴其他地区企业家群体精准扶贫成功经验的基础上，通过打造良性循环的产业链销售模式；推动员工、社区群众、合作伙伴一起参与扶贫、支持慈善高职院校优质发展以及将乡村振兴和贫困治理有效衔接等措施，并加以实践推广，丰富新晋商参与贫困治理的形式，促进贫困户的脱贫进程，助力企业经济的良性发展，进而促进山西省经济的总体发展。

一、打造良性循环的产业链销售模式

发展壮大扶贫产业，是打好脱贫攻坚战的治本之策，也是确保贫困群众稳定脱贫的重要载体。[3]新晋商在贫困治理中主要的扶贫形式为农产品产销，这种产销形势面临着市场化程度偏低、产品附加值低以及产业链薄弱的困境，所以需进行特色农产品的包装，致力于打造良性循环的产业链销售模式。

第一，种植特色农产品。民营企业需根据贫困区域的资源优势，找准特色所在，充分进行市场调研，了解市场需求，进而选取优秀的产业项目。在明确农产品实际发展前景的情况下，企业及贫困户应扩大特色农产品的种植面积，加强对相关农业技术人员的培训，并对农产品的种植、养育、后期加工和销售进行技术指导，提升农产品的质量，增加其产量。与此同时，企业还应充分探索特色农产品的市场应用价值，避免出现盲目扩张的现象，进而

[1]《人类减贫的中国实践》白皮书[EB/OL].中央人民政府网站，http://www.gov.cn/zhengce/2021-04/06/content_5597952.htm，2021-05-01.

[2]谢岳.中国贫困治理的政治逻辑——兼论对西方福利国家理论的超越[J].中国社会科学,2020(10):4-25.

[3]齐利平.促进山西贫困地区脱贫质量提升的路径与策略探究[J].经济研究参考，2018(52):4-10.

扩大销售模式。企业适度延长农产品产业链，大规模建立特色农产品加工工厂，对农产品进行精细加工，并有效提高贫困地区农产品的研究开发力度，对产品的品牌形象进行宣传、推广与有效整合，使山西省的特色农产品种植走向正规化、市场化与产业化，提高产品的整体竞争力。例如，山西省的杂粮种植就是一个很好的突破口。山西复杂的地形、多样的气候、丰富的杂粮品种资源，使山西成为了"小杂粮王国"。山西小杂粮主要有茎类、谷类、豆类、薯类、糜类等七大类 120 多种，主要分布在晋北、晋西北和晋东南的山区和丘陵地区，这些地方山高水清，气候适宜，土壤，空气都搭配得恰到好处。这样的环境生产出的小杂粮，可以说是绿色中的绿色，他们的功效也非常实用。如燕麦片具有降低甘油三酯脂肪蛋白、改善血液循环、缓解生活工作带来压力的作用；玉米糁具有降血压、降血脂、开胃、益肺宁心、延缓衰老的作用；绿豆具有清除肌肤毒素、舒缓肌肤的功效；红豆具有提高机体的免疫力，辅助降血压、降血脂以及降火的功效；黑豆具有降低血中胆固醇，补肝肾、强筋骨、增强精力活力的作用。因此，将杂粮这一类产业做大做强，培育特色的农产品品种，有利于增加贫困户的收入，提升贫困户的后续发展能力，也会促进企业的快速发展，为企业与贫困户在相对贫困时期的发展奠定良好的产业基础。

第二，系统规划农业产业链。企业以及贫困户需对农产品产销的整个产业链进行规划，整合农业资源、提升技术水平、优化产品加工以及开展市场营销，进行农产品的宣传与推广。这样做能够有效延长农业产业链，提高产品附加值，促进农业这一产业的转型升级，充分发挥隐藏在农产品中的优势价值，在促进农产品产销与增加贫困户增收方面实现重大突破，构建一个集资源、生产、运营与销售于一体的产业扶贫模式。而产业扶贫在进行规模化生产，着力于打造特色产业品牌的同时，也要发挥好传统农产品加工的古老工艺，将传统与现代进行良好的结合，优势互补，共同促进产业扶贫取得预期的效果。还有企业在扶贫项目完成之后，后期也要对这些项目负责，增加项目扶贫的可持续性，延长农业扶贫的产业链，建立特色的产业扶贫之路，实现不同产业的协同发展和多元价值的碰撞迸发，为贫困户的后续发展创造条件，确保企业的扶贫项目能真正带动所扶贫区域贫困户的真正脱贫致富，让贫困户过上憧憬的幸福美好生活，进而增强贫困户的获得感与幸福感。

因此，新晋商在参与贫困治理时，首先需要制定科学合理的系统规划，通过打造良性循环的产业链销售模式，提升产业链，延长价值链，保证各个产业产品实际价值的发挥，有利于创新产业扶贫的新模式，延长产业扶贫的新路径，扩展贫困治理的新方式，进而促进我省后扶贫时代新晋商参与贫困治理工作的顺利开展。

二、推动多元主体协同参与扶贫

贫困治理是一项攻坚性的任务，所以不应只发挥政府的主导作用与民营企业的辅助作用，而应倡导多元主体共同参与扶贫，调动全社会参与扶贫攻坚事业的积极性、主动性与创造性，使其自发地参与到贫困治理中，即将企业员工、社区群众、企业的合作伙伴一起动员起来，发挥各个主体的优势，让他们共同参与扶贫攻坚，发挥协同作战的合力，创新扶贫战略的形式，增加扶贫成功的可能性，构建全社会参与的"大扶贫"格局，最终实现各扶贫主体与贫困户的同向共生、共同繁荣。

首先，倡导企业员工参与贫困治理。新晋商可提前在公司召开会议，鼓励管理层和员工积极投身于扶贫事业，并表示对扶贫过程中表现优秀、作出重大贡献的企业员工表示奖励；也可进行情感上的帮扶，企业员工外出扶贫时，给予员工家人心理上、生活上的各种帮助，使员工能全身心参与贫困治理。这不仅使得员工对企业能够保持高度的忠诚度、信任感，积极投身于贫困治理事业中，也使得企业的文化和形象进一步优化，实现了员工和企业的和谐共赢。这样，企业与员工的关系不仅体现在企业内部、工作之中，还延续到企业之外、贫困治理事业中，建立了长久且持续的密切信任关系。例如振东集团成立振东扶贫办，经过与贫困户和乡村干部的交流沟通，决定与平顺县78个贫困村建立一种"老总包片、中层包村、责任到人"的模式,即一个老总包一个片、一个中层帮扶一个村,三到五人对接一个国家建档立卡贫困户,并根据职务高低和贫困村的贫困程度确定包村负责人,职务越高,承包的贫困村贫困程度越深,承担的扶贫责任也就越大,扶贫难度相对来说也就越高。振东集团积极创新扶贫形式参与贫困治理的模式已取得了一定的成效。所以,将企业员工动员起来参与进扶贫事业中,增强了扶贫的有生力量,贡献了扶贫智慧,将会促进相对贫困时期攻坚事业的顺利推进。

其次,鼓励社区群众投身贫困治理。发挥社区在扶贫中的作用,构建以社区为平台,以政府购买服务为牵引,以农村社区服务类社会组织为载体的精准扶贫协同合作机制。[1]要使贫困地区形成脱贫的长久动力,还需重视社区群众在贫困治理中的参与,充分激发参与扶贫的热情,创新扶贫形式,助力贫困户脱贫。新晋商可通过社区居委会提前对贫困户进行入户调查,了解贫困户需求,然后制定具体的帮扶举措,实现精准扶贫工作的精准帮扶,真正帮助贫困户解决生活中的实际困难;企业的员工可以同社区居民组建志愿者服务团队,通过志愿服务的形式让每一个愿意参与的社区居民都有机会参与进贫困治理事业中,让更多的居民主动关注扶贫事业,参与到为扶贫事业贡献力量与智慧的公益事业中。通过这种形式,不仅助力了扶贫事业,而且增进了社区居民的互信与共融,增加了社区的凝聚力;新晋商可联合农村社区利用网络信息化平台,在网上发起招募大学生志愿者参与农村社区的精准帮扶工作,发挥大学生的青年才智,在实践的基础上创新扶贫模式,带动贫困户脱贫;新晋商还可吸引大学生与研究生到农村社区就业,提升社区的组织能力与服务能力。所以,新晋商通过与社区联合参与贫困治理,延续乡村发展的后续力量并使扶贫措施更加形式多样与生动,为相对贫困时期的农村发展增添了活力。

最后,动员合作伙伴助力贫困治理。民营企业在长期的实践过程中形成

---

[1]刘耀东.农村社区服务类社会组织参与精准扶贫的理据、困境及推进策略[J].学术研究,2020(4):69-72.

了资源统筹与协调的能力，能够助力打通乡村贫困户的脱贫道路。企业应发挥好工商联合会和各地商会的作用，借助商会搭建新晋商交流、学习、进步的广阔平台。民营企业可以动员其合作伙伴通过一起建设扶贫平台的方式参与到贫困治理中，即民营企业可在自身发展的基础上，统筹企业资源、政府政策和市场要素，联合合作伙伴一起进行投资，其他民营企业可以根据自身的渠道，收集市场信息，分析市场需求，在此基础上对产业的生产与经营作出比较正确的选择，然后建立扶贫项目。接着对产业扶贫项目进行精细加工，提高产品附加值，建立综合性的物流配送平台，并加强宣传与推广，塑造企业品牌形象，提升产品市场竞争力，为贫困地区的产品进入市场提供机遇，促进产品的销售。合作伙伴积极投身于贫困治理，并以诚相交，勇于承担市场风险，打通农产品流通的产业链、销售链，实现了产业链上各个企业和生产经营者的共同发展，使产业样态多样化、丰富化，为自己企业的发展带来利润，也能够增加贫困户的收入，提升贫困户进行农业生产的能力，实现贫困户的脱贫致富，最终促进贫困地区的整体发展，实现综合效益的最大化。相关企业在扶贫任务完成以后，也不要立马撤出扶贫项目，需对所扶贫区域与贫困户的后续发展提供资源与渠道，增强其发展的后续动力，使他们过渡到相对贫困时期也能实现更高质量、更可持续的发展。

综上，只有动员和凝聚多元主体的力量，引导各方主体关心国家的脱贫攻坚事业，帮助贫困户，并积极投身贫困治理中，齐心聚力攻坚克难，才能帮助贫困户尽快摆脱贫困，提高生活水平，并最终在相对贫困时期实现更高质量的发展。

三、支持慈善高职院校优质发展

习近平对职业教育工作作出重要指示强调，在全面建设社会主义现代化国家新征程中，职业教育前途广阔、大有可为，要坚持党的领导，坚持正确办学方向，坚持立德树人，优化职业教育类型定位，深化产教融合、校企合作，深入推进育人方式、办学模式、管理体制、保障机制改革，稳步发展职业本科教育，建设一批高水平职业院校和专业，推动职普融通，增强职业教育适应性，加快构建现代职业教育体系，培养更多高素质技术技能人才、能工巧匠、大国工匠。[1]发展职业本科教育，就是解决"有技能没学历"这个痛点，体现的也是对职业教育的重视。其实，把技能和学历结合起来，让技能得到学历的认可，也让一部分学历有技能作为依托，这样的学历就会更踏实，也会让高职院校的学生在顺利毕业后，在后扶贫时代发挥更多的光和热。

新晋商参与贫困治理取得了一系列成效，激发了贫困户脱贫的内生动力，实现了贫困户脱贫致富，为贫困户的后续发展提供了保障，同时，也为企业的后续发展增加了动能，助力企业实现更快发展。但是，新晋商参与贫困治理的重心不能只放在产业扶贫、金融扶贫和就业扶贫等方面，着重提供经济方面的援助与技术方面的指导，后期则更要将教育扶贫提上日程，为寒门学子就业提供相应的技能，阻断贫困代际传递现象，譬如可以加大兴建为寒门学子免费提供学习技能的纯慈善高职院校，学子无需缴纳学费、住宿费和书本费等一系列杂费，便可进入高校学习知识、提升技能，学业期满后，学子便可以凭借自己所学回报社会，将所学应用到自己所在贫困区域的贫困治理中。

首先，加强教师队伍建设。高职院校的教师不同于普通高校，对其专业性和实际操作技能的要求比较高。高职院校在进行教师招聘时要严格要求，严把教师招聘关，招聘理论知识丰富，讲解技能高超但又实践操作本领过硬的高素质技能人才，同时定期开展相应的教师技能培训，进一步提高教师能力与素质；学校需综合评估各个教师的各项技能，合理分配教师资源，让学生学习到切实有效的理论与技能，全面提升学校的文化软实力；增加校企合作，民营企业中的一线技术人员可定期到高职院校举办一些讲解理论与技术课程的专题性讲座，增进交流，提升自身；学校还需注重保障教师的福利待遇，让教师生活

---

[1]习近平对职业教育工作作出重要指示[EB/OL]新华网.

http://www.gov.cn/xinwen/2021-04/13/content_5599267.htm,2021-4-13.

有保障，从而能全身心地投入到教授学子应用型技能的教育事业中。

其次，科学设置教学课程。学校必须广泛调研，了解市场需求，在此基础上进行相关课程的设置，力求高职院校课程的设置与市场的需求紧密结合，这样学子们在经过刻苦学习各门课程的相关理论与实践的基础上，自身能力得到了极大提升，毕业后便能顺利进入社会，高质量地投身于贫困治理事业中。还可以发挥各个高校及相关科研院所的支持作用。通过听取他们的客观建议，进一步对高职院校的专业课程进行设置，补全课程门类，强化实践教学，培养实用型人才。学校也可与科研院所进行沟通，建立交流项目，让学子去相关的科研院所进行实习，丰富实践能力，增强应用技巧，强化沟通能力，将寒门学子培养成真正的技术型、现代化人才，推动学子学习脱贫技能，进而回报社会，奉献自我，造福家乡，从根源上遏制贫困的代际传递现象。

最后，提供优越的学习环境。新晋商助力新建的高职院校要为学子求学营造良好的校园环境，美化校园植被，提升学校的软硬件设备，为学生学习提供完备的教学设施。在设备齐全的环境下，学生的实践动手能力日益增强，可熟练进行各项技能操作。新晋商与学校合作可以组织举办一些职业技能大赛，选派企业中的一级技术人员担任大赛的评委，鼓励学校的学子踊跃报名参加，增强实操能力，比赛中取得优秀成绩的学子可以得到相应的奖励，鼓舞其信心，激发其更加主动学习技能的爱好与兴趣，投身于相对贫困时期的贫困治理。

通过新建为寒门学子免费提供学习技能的纯慈善高职院校，广大寒门学子有了优越的学习资源与舒适的学习环境，良好的学习技能平台，使其能熟练掌握谋生技能，利于阻断贫困的代际传递。民营企业家热心公益，为寒门学子提供学习机会的扶贫方式可以说是一种由"输血式"扶贫向"造血式"扶贫转变的有效尝试，使得贫困户在相对贫困时期也有了谋生的能力与技巧，进而利于创造美好的幸福生活。

四、乡村振兴与贫困治理有效衔接

实施乡村振兴战略，是解决人民日益增长的美好生活需要和不平衡不充分的发展之间矛盾的必然要求，是实现"两个一百年"奋斗目标的必然要求，是实现全体人民共同富裕的必然要求。[1]实施乡村振兴战略，是精准扶贫工程圆满完成后国家对农村下一步发展的提前规划，是后扶贫时代农村发展的重要支点。实施乡村振兴战略，要坚持党管农村工作，坚持农业农村优先发展，坚持农民主体地位，坚持乡村全面振兴，坚持城乡融合发展，坚持人与自然和谐共生，坚持因地制宜循序渐进。[2]所以，实施乡村振兴战略，是我国在精准扶贫攻坚任务已经圆满完成的前提下走的一条特色减贫之路，为相对贫困治理阶段的农村发展提供了方向遵循。

第一，强化人才培养机制。人才振兴是乡村振兴的基础，人才会为乡村增添生机与活力，奠定深厚的人才根基，因此需对农村的各类人才进行培养。民营企业通过积极创新贫困治理的方式，取得了一系列成效，为农村的后续发展奠定了基础。但是农村青年人流失严重，所以，民营企业需通过各种举措吸引农村人才回归，解决农村青年人才较少的问题。民营企业可与新时代对"三农"的具体要求相结合，派企业中技术水平高超，实践能力强，善于讲解的技术人员定期开展技术培训，对岗前、岗中和岗后的注意事项进行讲解，提升现代农民的专业化水平，培养一支真正有责任、有担当、爱农村和爱农业，渴望带领家乡尽快实现乡村振兴的农村技术人员队伍，为乡村振兴培养现代化人才，接着快速投入到乡村振兴的实践中。民营企业也可鼓励贫困区域毕业的大学生与研究生回乡创业，将所学的完整知识体系、先进管理经验与操作技术运用到贫困治理和乡村振兴事业中，全面助力民营企业参与贫困治理，全力支持所在乡村更好的过渡到相对贫困治理时期。乡村振兴战

---

[1]中央农村工作会议在北京举行 习近平作重要讲话[EB/OL].新华网，http://www.xinhuanet.com/politics/2017-12/29/c_1122917923.htm，2017-12-29.

[2]中央农村工作会议在北京举行 习近平作重要讲话[EB/OL].新华网，http://www.xinhuanet.com/politics/2017-12/29/c_1122917923.htm，2017-12-29.

略会在人才振兴的基础上焕发勃勃生机，激发乡村发展的动力与活力，使乡村实现快速发展。

第二，促进多种产业融合发展。产业发展是乡村振兴在经济方面必须走的关键一步，而这也是新晋商参与贫困治理的必经之路。所以，民营企业在选取产业项目的时候，应该使其既能促进贫困治理，又能促进乡村振兴战略的发展。企业不仅可以选取种植业、养殖业，也可以选取旅游业以及文化产业进行扶贫，在深入挖掘各个产业各种价值的基础上，促进第一、二、三产业方面融合发展，让农业"接二连三"，形成三产融合发展的态势，是贫困地区稳定脱贫的关键所在。[1] 产业的深度融合可以增加农村产业的集聚度，更好地为贫困户以及企业发展创造新的产业模式与经济增长点，为贫困户脱贫增加概率，为企业行稳致远创造有利条件。乡村旅游作为实施乡村振兴战略的产业引擎和重要抓手，借助产业融合度高、关联性强、辐射面广的特点，在推动农村三产融合、促进乡村产业结构优化升级和助力贫困地区精准脱贫方面，发挥了不可替代的优势。[2] 因此，企业还应继续探索扶贫模式，盘活乡村旅游资源，例如将乡村旅游、采摘娱乐和康复修养等多种产业相结合，开辟乡村特色资源，打造特色乡村小镇，促进乡村产业融合发展，增强乡村发展实力，进而促进乡村振兴战略早日实现，最终实现建设社会主义现代化强国的战略目标。

党建引领下的新晋商积极响应国家和省委省政府的号召，通过探索扶贫的新途径，创新了扶贫的形式，取得了显著成效，也为后期相对贫困时期的扶贫提供了经验。但是，新晋商参与贫困治理也存在一些不足之处，因此，需要对其贫困治理路径进行完善。综上可知，新晋商是一支充满强烈社会责任感，敢于担当、勇于奉献的社会群体。他们不吝付出，全身心投入山西省的贫困治理事业中，助力贫困区域以及贫困户脱贫，在脱贫攻坚的关键时刻，

---

[1]齐利平.促进山西贫困地区脱贫质量提升的路径与策略探究[J].经济研究参考，2018(52):4-10.

[2]王秀伟，李晓军.发挥民营企业在乡村旅游中的主导作用[N].中国社会科学报，2021-02-23：（6）.

他们表现出色，将自己企业的优势资源与信息尽量投入到扶贫区域的扶贫实践中，以党建为指引，政府领导为保障，以自己的商德文化为驱动，将一个个具体的扶贫项目做得非常成功与出色，为山西省贫困群体的脱贫做出了非常大的贡献，他们是参与贫困治理事业中最亮丽的一抹光彩，照亮了别人，也温暖了自己，驱动了他人前行的力量，也为自己企业的发展谋划了光明的前景，打通了深度发展的市场。所以，新晋商参与贫困治理的实践是成功的，是值得被广泛推广的有益经验与可行案例。

第四章　党建在新晋商参与贫困治理中的引领作用

截至 2020 年底，我国的脱贫攻坚战役已经取得了全面胜利。至此，我们将告别困扰中华民族千百年来的绝对贫困状态，携手迈进全面小康。我国的脱贫攻坚事业是造福亿万人的伟大工程，完美诠释了共同富裕是社会主义的本质特征。党建引领下的扶贫攻坚事业是中国社会主义的一大特色和优势。党组织的建设和发展在新晋商参与贫困治理工作中发挥了"主心骨"的作用，新时期党组织自身的强大是精准扶贫和乡村振兴的中坚力量。

第一节　党建在新晋商参与贫困治理中的作用

亨廷顿曾在《变化社会中的政治秩序》一书中指出，"现代化之中的政治体系，其稳定取决于其政党的力量"，政治动荡无序常常伴随着政党力量的式微、群众支持的消失和组织结构的衰弱。[1] 国家治理过程中需借助强大的政党力量提供广泛的合法性基础，我国精准扶贫事业的完美落幕更是紧密依靠政党建设的引领作用。党组织的引领作用在新晋商参与贫困治理过程中淋漓尽致地展现出来。在贫困治理背景下，党的基层组织积极融入乡村社会，重构基层治理网络，发挥党建的领导优势、组织优势、制度优势、服务优势、导向优势和动员优势，深入贫困村获悉村庄实际情况，探究贫困的深层原因，量身打造最优质的脱贫策略。所以说，党建引领下的新晋商参与贫困治理为山西贫困地区摆脱贫困帽子、走向发家致富做出了不可磨灭的贡献。

---

[1] ［美］塞缪尔·P·亨廷顿.变化社会中的政治秩序[M].王冠华、刘为，译.上海人民出版社，2008：380.

一、党建在新晋商参与贫困治理中的政治领导作用

"政党是特殊的政治组织，政治属性是政党的根本属性"。[1] 党的十九大提出"我们需要把党的政治建设摆在首位。旗帜鲜明讲政治是我们党作为马克思主义政党的根本要求。党的政治建设是根本性建设，决定党的建设方向和效果"。党组织引领社会主义脱贫攻坚事业关乎党的领导力问题。在新时代，我们尤其要重视加强党的政治建设。党的政治建设为党的建设引领航向，党组织通过政治引领机制来加强其对社会的领导能力，这是党建引领新晋商参与贫困治理的前提条件。政治引领的先进性建设是党的建设的核心内容，党组织对于新晋商的政治领导作用不仅体现为对于共产主义的理想信念永恒追求、对于社会主义政治立场牢固坚守，还体现为积极采取行动使得党组织远离平庸化、摆脱特权化以及避免类似脱离群众路线等有损党组织先锋形象的不良举措的出现。在党建引领贫困治理场域中，党组织时刻坚守全心全意为人民服务的根本宗旨，赢得了脱贫攻坚战役的全面胜利，获得了群众的信任与支持；党员干部勇于承担扶贫责任并且积极提升党性觉悟和素养，在扶贫实践中积累了经验。

对于新晋商，党建的政治引领作用体现为指明其根本的政治方向、引导其正确的价值追求、提升其遵纪守法意识并且为其提供政策沟通的渠道等方面。党建引领对新晋商参与贫困治理的作用表现为四个方面。首先，引导新晋商及时准确地领会国家颁布的扶贫路线、方针与政策，并在此过程中转化为新晋商发展战略与机遇，积极投身山西贫困治理事业，推动自身发展与扶贫进度同频共振。其次，确保新晋商秉承以人民为中心的价值理念，设身处地为贫困地区的人民着想，提供精准扶助，发挥雪中送炭的作用。再次，规范新晋商遵纪守法、建立健全内部规章制度，谋求自身可持续发展。与此同时，合理分配扶贫资源，好钢用在刀刃上，支持并参与国家的贫困治理事业。最后，新晋商能够掌握具体政策情况，获得沟通途径，完善交流机制，进而

---

[1]包心鉴.新时代党的政治建设：历史启迪·理论逻辑·实践理路[J].廉政文化研究,2020(1):1-14.

可以及时便捷地反应贫困治理进程中遇到的问题，交流贫困治理实践中积累的宝贵经验。

对于新晋商发展的外部环境方面，党建工作可以充当新晋商与国家政治网络的桥梁，有效推动二者互动连接，更好地使新晋商及其员工融入整个政治生态系统。新晋商党员可以与其他单位的党员和党组织建立具体联系，进行互动交流和心得分享。同时也可以通过一系列的主题学习和党日活动来强化企业内部党员同志的思想先进性，促使其坚定信仰，保持纯洁的思想，提高党性认知水平。党建工作的开展也可以起到防微杜渐的作用。此外，新晋商内部的组织网络可以借助党的组织网络与整个政党的组织体系高效衔接并建立联系，获得精准扶贫相关的政策前沿信息，以更好地帮助山西贫困地区的人民摆脱贫困帽子、迈向小康生活。

二、党建在新晋商参与贫困治理中的组织凝聚作用

"任何政党都必须具备一定的组织形式和组织原则"。[1]组织建设之于政党成长不可或缺。列宁曾言道："无产阶级在争取政权的斗争中，除了组织，没有别的武器。"美国政治学家塞缪尔·亨廷顿也曾经论述："组织是通向政治权力之路，也是政治稳定的基础，因而也就是政治自由的前提……身处正在实现现代化进程之中的当今世界，谁能组织政治，谁就能掌握未来。"[2]同样，德国学者罗伯特·米歇尔斯讲道："对于任何阶级来说，一旦当它在社会上公开提出某种明确的要求，并渴望实现与本阶级经济地位相一致的一整套理想目标，它就需要建立组织。不论这种要求是经济上的还是政治上的，组织看来是形成集体意志的唯一途径……组织是大众进行政治斗争必不可少的条件。"[3]以上三位名家的论述都不约而同地强调了组织建设的重要性。中国

[1]王沪宁.政治的逻辑：马克思主义政治学原理[M].上海人民出版社，2004：264.

[2]［美］塞缪尔·P·亨廷顿.变化社会中的政治秩序[M].王冠华、刘为，译.上海人民出版社，2008：382.

[3]［德］罗伯特·米歇尔斯.寡头统治铁律：现代民主制度中的政党社会学[M].任军锋，译.天津人民出版社，2002:18-19.

共产党对组织建设的高度重视往前可追溯至革命时期根据地的建设，一直发展到今天，组织建设仍将是中国共产党成长壮大过程中浓墨重彩的部分。众多研究者都曾经对中国共产党组织建设的必要性和重要性进行探究和讨论。所以我们可以说，中国共产党取得革命成功和中国特色社会主义建设成就的重要秘诀之一就是健全且高效的组织网络建设。

脱贫攻坚战役的顺利进行并取得丰硕成就，这其中离不开党的组织建设所发挥的巨大作用。脱贫攻坚是一项伟大工程，它需要坚持和发挥民主集中制的强大优势，集中力量办大事大大增加了打赢脱贫攻坚战役的确定性。决胜脱贫攻坚的过程中，坚决遵守党的组织原则，毫不动摇坚守党的组织路线，在实践中逐步发展和完善党的组织制度和组织规范，形成了结构严密、运行规范的组织体系。健全党的组织建设，凝聚广大人民群众势不可当的力量，激发共产党员干部敢于冲锋在前的昂扬斗志，促进脱贫攻坚事业顺利推进。显然，党的组织建设的目标、原则和内容，与脱贫攻坚的组织需求具有高度契合性，可以"把夯实基层党组织同脱贫攻坚有机结合起来"。[1]

党组织发挥作用需要依赖党支部，党支部是党的基层组织。党建引领的新晋商参与贫困治理中，相较于一般群众，党组织系统动员党员积极分子更容易，所以我们需要积极发展党的支部建设。设立新晋商党支部有利于贫困群体和作为扶贫单位的商业组织之间的信息互通和相互了解，在更大程度上便于精准扶贫的高效治理。精准扶贫最关键的问题之一就是如何确立并保持扶贫单位与贫困对象之间的利益关联，这不仅关系到扶贫事业的进展，而且直接涉及到企业发展与乡村振兴之间的关联，甚至是能否有效理顺社会关系的问题。党建引领下的新晋商参与贫困治理实践中，支部扮演着党的基层组织和扶贫先锋的双重角色。也就是说，支部除了承担新晋商内部党的组织建设凝聚力量的功能之外，还肩负着联系贫困人民、采取扶贫策略和开展基层治理的功能。总之，支部建在单位上为新晋商接受党建引领并参与精准扶贫提供了社会基础。

---

[1]王浦劬.党建与脱贫攻坚互动实践的理论分析[J].中共中央党校(国家行政学院)学报,2020(6):30-40.

与此同时，支部的发展层级直接关系党组织战斗堡垒作用的发挥程度。这就要求党支部有一个适中的发展规模，因为规模过大不易操作落实，规模过小又难以体现预期效果。毛主席曾论述军队中的党组织建设问题，在《井冈山的斗争》中强调："特别是在连一级，因党的支部建设在连上，党代表更为重要，'支部建在连上'是红军艰难持久抗战，队伍却从不会土崩瓦解的一个重要因素。"[1] 在革命年代，把部队管理规模和组织的管理成本考虑在内，把支部建在连上便是最好的选择。因此，党组织若想在中国特色社会主义建设时期实现高效快捷的社会动员，党建引领的新晋商参与贫困治理若想取得丰硕的成绩，就必须加强党的支部建设，发挥党建作用，同样也需要考察和权衡党支部建立的层级和规模。

三、党建在新晋商参与贫困治理中的制度规范作用

党组织的制度建设是新晋商参与贫困治理能够得到持久巩固的重要依托。贫困治理是一项需要长期奋斗和攻坚克难的伟大工程，这就要求对贫困治理的成果进行持久巩固，进行简约高效的制度建设，建立健全脱贫致富的长效机制。通过对党组织进行必要的制度建设，积极构建运行高效、系统规范和科学完备的制度，进而对新晋商参与贫困治理的制度产生引领和推进作用，更好地发挥党的制度建设对新晋商参与贫困治理中流砥柱的作用。新晋商参与贫困治理实践中，要把党的扶贫政策和脱贫任务宣传落实到家家户户，实现精确识别、精确帮扶、精确管理扶贫对象，精确考核扶贫成果，就必然要对基层党组织的制度体系进行建立健全，包括组织对群众作用的吸纳机制和群众对组织作用的反馈监督机制。事实证明，共产党执政的政治逻辑与党建引领的新晋商参与贫困治理得到有机结合，赋予了党的制度建设在国家治理体系和治理能力现代化视野下的全新内涵。

贫困治理的发展动力，一方面依赖于新晋商对贫困群众真正需求的积极

---

[1]贺全胜.党对军队绝对领导思想的科学内涵和基本要求[J].毛泽东研究,2017(6):76-82.

回应，新晋商扶贫小组应该具备回应扶贫对象内心诉求的多种渠道，即正向扶贫机制；另一方面，还需要贫困村庄群众的积极配合，积极响应贫困治理各项事务的治理，即扶贫的反馈机制。然而，制约新晋商贫困治理活力的潜在问题首先是，即使新晋商具备一系列的回应贫困人民内心诉求的各种资源和渠道等条件，也可能出现缺乏充足的动力和积极的条件来回应群众的情况发生；其次是群众应该如何在具有充分意愿的条件下积极发声，积极响应，也就是说应该如何引导群众积极且理性地进行利益表达和配合扶贫行动的有效进行。新时代背景下党建引领新晋商参与贫困治理的做法就对上述困境做出了很好的回应即：加强制度建设，健全基层党组织的吸纳机制，积极吸纳积极分子；发挥党员先锋示范作用，完善相关的监督机制，有效确保了党建引领新晋商参与贫困治理的顺畅和活力。

吸纳机制的健全与否关系到新晋商党组织凝聚力的实现程度，同时也会对党组织是否能保持自身先进性具有重要影响。所谓吸纳机制，是指基层党组织将社会中的先进分子吸收进来，将其发展成党员干部。[1]马克思、恩格斯曾指出，共产党员必须是"最不知疲倦的、无所畏惧的和可靠的先进战士"。列宁也强调："党是阶级的觉悟的、先进的阶层，是阶级的先锋队。"[2]社会中广泛的积极分子被不断地吸纳进党组织，是党组织保持先进性不可或缺的程序。积极分子不仅具有较高的素质和突出的工作能力，在团队中发挥骨干作用；而且还掌握较为广泛的关系网络，在扶贫工作中运用关系资本，影响和动员群众积极参与。因此，这些占少数的积极分子通过发挥自身优势，影响其他大多数群众的思想和行为，从而对新晋商参与贫困治理产生不容忽视的作用。正如刘少奇所言，"我们绝对不是为了组织积极分子而去组织积极分子……而是为了要经过积极分子去吸引与推动中间状态与落后状态的群众，即是为了最广大的群众而去组织群众中的积极分子"。[3]

---

[1]马克思恩格斯选集（第一卷）[M].人民出版社，1959：434.

[2]列宁全集（第十九卷）[M].人民出版社，1959：407.

[3]田先红.政党如何引领社会？——后单位时代的基层党组织与社会之间关系分析[J].开放时代,2020(2):118-144.

新晋商参与贫困治理过程中，"党组织+"的反馈监督机制，能够对扶贫资源是否落到实处予以监督，及时地了解扶贫效果，重视扶贫对象的意见反馈，对新晋商参与贫困治理起到保障作用。为此，坚持服从党的领导，遵守党的路线，保持党的核心领导地位毫不动摇，是新晋商参与贫困治理的前提要求。首先，党组织对扶贫过程中的各个环节进行监督，包括扶贫资源的分配与落实、扶贫措施的计划与决策、扶贫后期的成效检验等，并且保证这些内容的全面性、规范性、公平性、公开性、真实性以及工作进行是否合乎程序。其次，党组织通过召开会议、事务公示栏和个别访谈等形式，对扶贫结果进行及时的通报和反馈，做到事无巨细地报告和监督。不仅从制度建设的角度增强了基层党组织的权威性，还确保了贫困治理过程的公开透明，提升群众对于新晋商贫困治理工作的信任和支持，激励更多的群众和组织投身扶贫事业。

四、党建在新晋商参与贫困治理中的服务纽带作用

党组织的根本宗旨是全心全意为人民服务，刺激新晋商参与贫困治理的作用点之一是奉献社会的企业责任感。从精准扶贫的视角来看，党组织是作为扶贫单位的新晋商和作为扶贫对象的贫困地区之间的桥梁，主要功能就是拉近二者关系，实现多方位的沟通协调，从而将扶贫治理与社会服务的触角延伸到各个贫困地区、贫困群体，实现新晋商与贫困群体的有效连接和无缝对接，调动各种资源，发挥各项功能优势，形成资源整合与相互合作，不断满足人民群众对美好生活的向往。党组织要发挥引领作用，就不能仅仅是一个让群众感觉非常遥远的"空中楼阁"般抽象的存在，而应该是一个接近人民群众的具象的存在，这就需要党的基层组织切实地发挥作用，把党的权威和理念具体落实到基层社会。要让人民真正感受到组织的力量，体会到组织一切为人民的良苦用心。所以说，党建引领作用的实现，要充分发掘并适当扩张党组织的各种潜在功能，从而使其切实融入公民社会和群众生活之中。

首先，确保党建服务纽带作用的有效发挥依赖完善的服务机制，这也关

系到党组织对于群众需求的回应力度。服务机制的建立健全能够激励新晋商基层党组织及时高效回应扶贫对象的诉求，不仅能避免组织悬浮于上、脱离社会；也建立了桥梁来连接组织和社会，使得组织能够真正地与基层社会密切相关，发挥组织对于社会的渗透和塑造作用。正如米歇尔斯所言："组织是寡头统治的温床。在任何组织中，无论它是一个政党、工会组织，还是其他任何类型的协会，其贵族化倾向是显而易见的。"[1]新晋商参与贫困治理工作中，党的支部是作为实体化而存在，并能够真切地发挥效用，党支部的专业化和明晰化的分工对支部书记彰显力量和树立权威有帮助作用。与此同时，支部书记所拥有的力量和权威与社会融为一体，避免了党建引领新晋商参与贫困治理陷入寡头政治。新晋商党支部书记作用的发挥对于新晋商融入脱贫攻坚事业有着直接的影响力。支部书记明确责任，摆正自身位置，不论遇到再苦再难的事情都有敢于往前线冲锋的精神，引导支部委员的力量，对党小组产生正面影响，带动群众积极参与伟大的脱贫攻坚事业。建立完善的服务制度体系，为党建引领下的新晋商融入扶贫区域提供了平台，使党建对新晋商参与贫困治理服务保障功能的发挥能够拥有切实可行的依托。

其次，党建在新晋商参与贫困治理中的服务纽带作用还体现为高效的政治沟通。政治沟通是"赋予政治过程以结构和意义之信息和情报的流动。政治沟通不只是精英对其群众发送信息，而且还包括全社会范围内以任何方式影响整个政治的非正式沟通过程"。[2]高效的政治沟通对于增进新晋商与贫困群体之间的想法表达和相互了解、提升扶贫小组决策效果和运行效率具有举足轻重的作用。与此同时，政治沟通还能够使贫困群体的不满情绪得到适当宣泄，对于社会起到缓解冲突和促进稳定的作用。党建引领下的新晋商参与的贫困治理工作中，支部书记就是扶贫小组与受困群众之间进行政治沟通的桥梁和纽带。一方面，支部书记是新晋商基层党组织的代理人，必须完成党交付给新晋商的扶贫任务，其行为必须符合党的期望和新晋商的期望；另一

[1]田先红.政党如何引领社会？——后单位时代的基层党组织与社会之间关系分析[J].开放时代,2020(2):118-144.

[2]王景玉.试论政治沟通[J].南都学坛,2006(2):108-115.

方面，支部书记又是对口扶贫区域的"当家人"，他们代表着贫困群体的最高利益。支部书记"代理人"和"当家人"的双重角色，可以成为缓冲贫困群体和新晋商扶贫单位之间矛盾的过渡地带。

总的来说，党建引领下的新晋商想方设法提高贫困治理中对于受困群体的服务质量，积极了解群众的服务需求并做出一定回应。只要群众有求于组织，组织就会有回应，以此来焐热贫困群众的心，获得信任和支持，在此基础上党组织有效发挥引领作用，更好更优地带领人民走出贫困，迈向小康。

五、党建在新晋商参与贫困治理中的价值导向作用

习近平在中共中央政治局第 13 次集体学习时指出，"培育和弘扬核心价值观，有效整合社会意识，是社会系统得以正常运转、社会秩序得以有效维护的重要途径，也是国家治理体系和治理能力的重要方面"。[1] 党组织积极宣扬先进文化，组织引导人民群众恪守社会主义核心价值观，党组织作为社会"风向标"及时体察社会舆情，通过文化引领来提高引导舆情走向的能力，为良好社会氛围的营造出谋划策，使人民群众可以拥有一个健康积极向上的精神家园，这便是组织在基层治理中的价值导向功能。脱贫攻坚是中国共产党人实现共产主义远大理想和中国特色社会主义共同理想，实现社会主义的本质要求，谋求中国人民福祉和中华民族伟大复兴的伟大实践。[2] 因此，推进脱贫攻坚事业是中国共产党人的信仰使然，是实现中华民族伟大复兴的中国梦使然，是艰苦卓绝、持之以恒的事业。[3] 新晋商作为新时代山西商业的代表，带着浓厚的恋乡情结，内心的使命感促使他们争前恐后参与贫困治理，为家乡的繁荣振兴贡献出自己的力量。

---

[1]王永贵.弘扬社会主义核心价值观的战略定位、精神实质及着力点——学习习近平关于社会主义核心价值观的重要论述[J].黑龙江高教研究,2015(6):1-5.

[2]刘明福、王忠远.习近平民族复兴大战略——学习习近平系列讲话的体会[J].决策与信息,2014(Z1):8-157.

[3]王浦劬.党建与脱贫攻坚互动实践的理论分析[J].中共中央党校(国家行政学院)学报,2020(6):30-40.

"脱贫攻坚是硬仗中的硬仗，必须付出百倍努力。"[1] 这就需要加强党的思想建设，发挥党建的价值导向作用，教育和引导全党坚定理想信念，牢记为人民服务的初心使命，夯实脱贫攻坚必胜的思想根基，引领社会互帮互助的思潮，凝聚同心，共同实现中华民族伟大复兴中国梦。

党建引领下的新晋商敏锐感知政策走向、捕捉机遇动向，是时代的"听风者"，面对 2020 年我国要消除贫困的时代背景，新晋商积极参与，将自身优势资源与贫困群众有效对接，成为脱贫攻坚战中的重要力量。新晋商的发展继承了改革开放后第一代新晋商发展积累的物质和经验基础，依托我国进入新时代的宏大历史背景，深刻把握时代发展的脉搏，搭乘宏观政策导向的"顺风车"，形成了"与国同强、与时俱进"的商德精神，与国家的脱贫攻坚行动统一战线。与此同时，新晋商参与脱贫攻坚战略的过程中秉持"以家为业，造福乡梓"，勇挑重担、主动作为。截至目前，山西全省 2502 家企业投入 38.27 亿元，实施帮扶项目 9783 个，精准帮扶 5848 个村的 43.8 万贫困人口。并且新晋商注重利用家乡独特优势，充分发挥本土经济特色，造福家乡百姓。

六、党建在新晋商参与贫困治理中的社会动员作用

作为党的三大法宝之一，统一战线从来不是"一时之术"而是"执政之道"，能够最大程度地凝聚人心，调动社会成员的积极性，发挥强大的社会动员作用，应该被重视。统一战线是指不同的社会政治力量在一定的历史条件下，为了实现共同目标，在某些共同利益的基础上组成的政治联盟。[2] 统一战线工作的根本任务是争取人心、凝聚力量，也就是在社会"分化—整合"螺旋式前进的过程中将具有不同利益的群体整合在一起，并且激发和保持这些群体的社会活力，这意味着统战工作一方面需要不断适应社会阶级阶层的动态变化，团结更多的人，共同致力于打赢脱贫攻坚战役；另一方面也需要发

[1]习近平.脱贫攻坚是硬仗中的硬仗,必须付出百倍努力[J].中国党政干部论坛,2017(11):1.
[2]钱再见."人心"与"力量":统一战线的政治使命与治理功能——兼论新时代统一战线工作的着力点[J].南京师大学报(社会科学版),2018(5):68-76.

挥整合与建构功能，既维持社会秩序，又保持社会活力。

首先，凝聚共识是统一战线工作的核心功能，也是构建和谐阶级阶层关系的基础。新的阶级阶层结构使社会成为具有多元价值观的异质性社会，为保持多元价值之间的合理张力，必须在最大程度上凝聚共识，明确并发挥主流意识形态的统领作用，避免意识形态领域的割裂和对立。凝聚共识需要培育和弘扬社会主义核心价值观，一是立足中华优秀传统文化，从中华优秀传统文化的历史渊源、发展脉络、基本走向入手，发掘以爱国主义为核心的民族精神，培育爱国家爱民族爱家乡的共同情感；二是从新晋商共同的生活体验和奋斗历程入手，弘扬时代精神，能够将其拼搏奋进精神转化为社会凝集进步的精神力量。不同文化价值观会在一定程度上，加深不同阶级阶层间的文化隔膜，甚至可能会引发身份歧视和认同障碍，从而影响整个社会的力量整合和政治认同的形成。除此之外，党建引领贫困治理有利于增强政治吸纳能力，发现、培养和选拔新晋商中具有代表性的人士参与政治生活，使他们能够通过正当的渠道参政议政，反映其所代表阶层意见和诉求，有利于提升组织代表的有效性。

其次，党建争取人心、凝聚力量的目标和统战工作不约而同。新晋商行业协会、商会等机构的组织化有利于最大程度地整合社会阶级阶层力量，使各阶层的利益诉求得到有序表达，实现利益冲突的可期可控。统战工作下，高度重视新晋商等社会组织的统战作用，他们既是统战工作团结的对象，也为统战工作的进行提供新的形式。统战部门与新晋商在贫困治理方面加强沟通合作，延长统战手臂的基础，实现对社会阶层的完美整合。在承认各阶级阶层之间差异的基础上，促进组织间的良性互动，尽量减少因利益冲突而产生矛盾纠纷事件。因此必须在缜密思考与分析各个阶级阶层群体的共同利益与私有利益的前提下，通盘整合各方的利益需求，求同存异，实现多种社会群体的共生共荣，共同致力于脱贫攻坚事业。

再次，党建社会动员作用的发挥不是一时兴起，而是需要长期落实，这就意味着统战工作的开展必须形成常态化机制，发挥统战工作的战略功能，更完美地诠释统战工作作为"三个重要法宝之一"的高度评价。加强线上互动和线下沟通，搭建统一战线新晋商相互交流扶贫经验的平台；同时注意网络情绪和意见的疏导，注重统战工作的原则性和艺术性，既要"搭好台"，也要"唱好戏"。例如，"千企帮千村"政策的贯彻落实，就充分彰显了贫困治理的常态化进程。此行动自 2016 年实施以来，新晋商群体听党话、跟党走，自备干粮、无须番号，在齐心协力剜穷根上下功夫，在接续推进乡村振兴上早谋划，积极踊跃投身到三晋大地消灭绝对贫困的伟大实践中。截至 2020 年底，我省 2576 家民营企业投资 42 亿余元，实施帮扶项目 10243 个，带动全省 6306 个村 47 万贫困人口增收脱贫，在决战决胜脱贫攻坚中激越铿锵，为民营企业履行社会责任注入了新活力。

综上所述，党建承担着新晋商参与贫困治理的核心引领角色，表现在扶贫工作过程中的方方面面：党组织的政治建设为新晋商的发展指明根本方向，坚定扶贫信念；组织建设凝聚一切力量促进新晋商脱贫攻坚事业的完美落幕；制度建设规范扶贫细节，量身定制扶贫措施；完善服务机制促进政策上传下达，切实保障群众诉求；引导社会价值风向，凝聚社会共识；发挥统战力量，动员社会组织，带动全体成员加入脱贫攻坚事业，携手迈入小康。因此，我们要始终保持党的建设和脱贫攻坚之间的亲密关系，在实践中加强二者的双向互动，党建引领促脱贫，脱贫成功巩固党建发展。

第二节　党建引领新晋商参与贫困治理的不足

尽管党建引领下的新晋商参与贫困治理有着众多优势，在帮助解决山西贫困地区以及新晋商内部的组织基础和发展能力，帮助理顺新晋商扶贫思路，协助扶贫对象激发经济社会整体发展等方面有着举足轻重的作用。但是在某些贫困群众内生动力不足、基层组织凝聚不充分、扶贫工作不精准、资源分配不合理、扶贫成果碎片化等背景下，党建引领下的新晋商参与贫困治理仍有需要完善之处，这就需要我们去发现总结问题，分析其中的深层原因，集思广益筹集各方智慧，共同探讨解决困难的方法策略。

一、农村基层党组织凝聚力弱

党组织的建设与基层的治理不可避免地会受到宏观环境的影响，例如社会经济的发展、利益分配格局的变化以及社会结构的分化等。在此背景下，党建引领的新晋商参与贫困治理工作面临着基层社区生态环境变异与基层治理多元化结构的挑战。计划经济时代的资源配置主要依靠政党引领的行政权力来进行组织分配，党组织扮演的是中心者的角色。然而，随着改革开放进程推进和市场化经济体制的崛起，尤其是十九大确立的把市场在资源配置中的决定性作用纳入我国基本经济制度，基层党组织配置资源的功能逐渐弱化，这正是因为利益分配格局变化"人们奋斗所争取的一切，都同他们的利益有关"。[1]党建引领作用逐渐弱化，基层治理中党建的作用逐渐边缘化，新晋商参与贫困治理未能得到如期效果。"基层党组织资源配置功能与社会个体利益实现之间相关度弱化，是基层党组织'边缘化'产生的根源性原因。"[2]从而在一定程度上削弱了基层党组织的组织力，影响了传统党建所发挥的有效作用，间接影响了新晋商参与贫困治理的积极性，延长了精准扶贫的完成周期。这样的环境下，社会大众被迫开始适应已发生变化的社会生态环境，改变基层党组织的领导思维，创新领导方式。

随着我国城市化进程加快，市场经济观念深刻地影响着人民的生活，有不少的农村劳动力开始由农村转移到城市，农村人口的主要经济来源由农业收入逐渐转移到非农产业，并且呈现出愈演愈烈的趋势。农村劳动力的转移对于党建引领下的新晋商参与贫困治理工作有着多重影响。一方面，能够在一定程度上减轻新晋商扶贫者的工作负担，因为众多农民也包括一些贫困人口通过进城务工增加了收入来源，对贫困人口的减少起到了催化剂的作用；另一方面，农村人口的大量转移，使得农村青壮年劳动力逐渐减少，村内呈现出一种日益空心化的态势，这就使得党建引领的新晋商参与的精准扶贫工

[1]杜飞进.中国现代化的一个全新维度——论国家治理体系和治理能力现代化[J].社会科学研究,2014(5):37-53.

[2]郑长忠.基层党组织转型:走出"边缘化"处境的根本出路[J].马克思主义与现实,2004(5):75-81.

作开展的难度逐渐增大。与此同时，大部分人口向城市转移，使得村内各种有关讨论和监督扶贫工作的会议参加者缺乏代表性，村民监督成为虚设，这就为扶贫资源的乡村精英捕获和资源分配的不合理埋下了伏笔。党建引领的新晋商精准扶贫工作的目标主要是具有完全劳动能力的贫困人口。村庄呈现出日益空心化的态势，农村劳动力大量流失，导致许多扶贫到户的发展项目难以进行。一些以增加收入为目标的扶贫手段难以为继，例如发展农村优良经济作物、促进农村畜牧业的规模发展等都因农村劳动力的匮乏而面临着项目难以落实的挑战，对党建引领的新晋商参与的脱贫攻坚事业产生了直接影响。

农村的基层党组织在新晋商参与的精准扶贫工作中发挥着战斗堡垒作用，党组织是否能够拥有较强的组织凝聚力，关键在于组织内部是否拥有优秀的领导班子。现在有许多的农村党组织都面临着严峻挑战，例如领导班子老龄化、年轻干部留不住、组织领导缺乏创新性、党组织内部人员精神涣散、履行职能的积极性缺失、领导乏力、组织凝聚力不足、脱贫攻坚战斗力不强；农村人口缺乏集体主义精神和公共精神、以自身利益为重。在现实中农村作为最基层的工作岗位很难把能力卓越的工作者留下，一些干部刚在农村积累了足够的工作经验就会被调入城镇，新来的扶贫工作人员又需要很长时间来了解情况，这就使得农村工作断断续续缺乏系统性。尤其是在集体经济几乎为零的贫困村，村干部的可支配资源少之又少，工资待遇也得不到提高。但是随着惠民政策的实施和脱贫攻坚事业的开展，落到村干部肩上的基层社会管理和服务的任务却越来越多，这就导致农村工作者产生一定的心理落差，年轻的精英逐渐流失，留下稍微年长的农村干部坚守岗位。面临越来越严峻的贫困治理形势，年老的农村干部难以及时地跟紧潮流，一些新型任务使得他们多少有些力不从心。种种情况，都对党建引领的新晋商参与贫困治理提出了更大的挑战。

二、工作队精准识别存在偏差

地方政府获取新晋商扶贫资源的重要依据是贫困群体的数量和规模。之前曾出现过地方政府为了争取更多的扶贫资源而虚报和谎报贫困人口数量的不良现象，为了避免此类情况再次发生，许多地方在认定贫困人口时采取了自上而下、逐层逐次分配指标的方法。贫困人口规模的确定不是基于当地的实际情况，也不是按照科学规范的标准来识别，而是基于扶贫部门发布的相关指标。各省（区）可根据收入贫困线和贫困总发生率确定各县贫困人口总数，然后各县将指标分解到各乡镇，随后分配到行政村，最终再由行政村逐级申报贫困人口名单，相关部门进行审核。

精准识别贫困人口操作技术的不成熟主要表现在四个重要环节。首先是认定贫困家庭的申请程序，许多贫困家庭对自身贫困认定申请不积极，因为暂时无法获得相关信息。有的地方还因为受到传统文化和社区群体的影响，为了维持自身的尊严所以不情愿提出申请，认为只要自己不提出贫困申请就不属于贫困户。其次是对提出贫困申请的家庭进行入户调查的核实环节，这种调查是完全具有导向性的，提出贫困申请的家庭自然要拿出一定的材料依据来说明自身是贫困户，村（组）干部在此过程中扮演着类似"法官"的角色。然而现实情况中，村干部们跳过入户调查环节而直接指定哪些家庭属于贫困户是常有发生的。再者是对贫困户进行民主评议，选出真正需要得到扶助的贫困家庭，这个环节包括究竟是要谁来评价，精准识别是依据何种标准来进行，最后到底如何对评议的全过程进行审查，那么谁有资格对审查工作的公平公正进行监督，如何避免被随机因素排除在真正的贫困家庭之外，如何避免私人权威对领导小组民主审查过程的管控等。还包括是否做社区宣传，在哪里做宣传，如何做宣传，如何确认宣传，是否有公众反对，如何应对公众反对这样一些要素的公示环节；实践中常常表现为很多村落的宣传工作根本就没有得到落实，还有的村偷换概念，为了减轻工作量而直接把县扶贫部门审核批准的贫困户名单在社区内的公示当成是本次村内进行贫困户精准识别结果的公示。最后是县乡镇的审核通过环节。结果常常呈现出那些根本没有进行过社区公示和民主评议就上报的贫困户申请依然顺利通过了县乡（镇）审查审批。这种有意无意的疏忽，使部分真正的贫困户在精准识别的最后一个环节也被排斥掉了。

三、乡村平均主义思想

乡村内部根深蒂固的平均主义思想一方面来源于我国传统文化"不患寡而患不均"的影响，认为平均主义就是对公平公正的完美诠释；另一方面是由于受历史固有的小农经济的影响，传统村落具有相对保守性和封闭性，人们崇尚集体主义，村民有福同享有难同当，平均主义得到进一步强化。随着市场经济突飞猛进，乡村内部劳动力不断输出，社会逐渐分化，但是平均主义思想仍然在人们的心目中占领着不可小觑的地位，并在很大程度上对其行为举止产生重要影响。

新晋商利用自身所拥有的资源深入贫困地区，施展精准扶贫工作的过程中，尽管在政策和机制上明确地规定要把有限的扶贫资源用于精准识别到的贫困户，而实际情况却是国家只负责某一地区贫困人口指标数量的控制，而把贫困户认定的权力下移到了基层，由熟悉彼此情况的村庄内部成员进行讨论决定。大多数的贫困村，人们对于最需要得到帮助的贫困人口很容易形成一致意见，但是在贫困程度比较一般、经济情况相近的家庭内筛选贫困人口时，就会显得十分困难，村民难以形成一致的意见，所以村庄内部对于此事的解决办法便是平均分配所拥有的扶贫资源。出现这些情况的原因一方面是来自村庄内部的社会分层并不很显著，农民的经济收入大多主要来自务农，经济差距不是十分明显，所以很难确定哪些家庭属于贫困户；另一方面的原因主要是村民都想要品尝扶贫资源带来的利益甜头，都想要获得一定的资金支持，所以在村庄内部进行贫困户的筛选时便会出现一轮又一轮的相互博弈，村民都想要为争取自己的利益而战，村干部为了减少不必要的争吵和矛盾而采取了平均分配这样最稳妥的方式。这就导致了精准扶贫资源分配的不合理性：一方面，最需要得到帮助的那部分困难群众没有最大限度的取得资源优势，他们获得的资源变得寥寥无几；另一方面，相对而言不是那么急需帮助的乡村人口趁此机会搭了平均主义的便车，分到了本该属于重点扶贫的贫困人口的一杯羹。

四、部分地区扶贫成果碎片化

党建引领的新晋商参与贫困治理面临着扶贫成果碎片化的挑战，"碎片化"是对社会力量扶贫现实状况的一种形象化描述，实质上是指社会力量扶贫仍处于一种零散性、非系统性的运行状态，即整个社会力量扶贫体系看似完整，但不同板块之间缺乏有机的衔接。[1]党建引领下的新晋商参与贫困治理面临的"碎片化"困境的主要表现为三个方面：

第一，新晋商参与贫困治理的激励政策常常出现地方主义倾向。也就是说，扶贫部门提供扶贫资源、培育社会组织和求助社会援助的政策缺乏系统性，不同地区往往有不同的激励政策，所以具有明显的"地方主义"特征。经济越发达、新晋商活动越频繁的地区往往政策激励的力度也越大，政府通常能够以充足的资金向新晋商购买更多更优质的社会服务，社会组织也充满活力，贫困治理的效果自然不会很差；但是经济欠发达、新晋商活动范围较窄的地区，激励政策相对而言不是十分完善，政府能够从新晋商方面购买的社会服务也比较少，提供的扶贫资源和资金都非常有限，社会组织几乎瘫痪，精准扶贫工作收效甚微。

第二，社会力量参与贫困治理呈现个体化倾向。党建引领下的新晋商参与贫困治理工作的主体具有多元化的特征。而主体多元化一定程度意味着价值观的多元化，不同主体并不能很轻易地实现思想看法的一致性，因此党建引领新晋商精准扶贫的多方主体很难在行动上获得"协同性"，多方主体往往按照自己的标准，自行开展扶贫工作，呈现出鲜明的"个体化"特征。这就在一定程度上导致了新晋商参与贫困治理存在不合理现象，可能会造成多方

[1]陈成文，王祖霖."碎片化"困境与社会力量扶贫的机制创新[J].中州学刊,2017(4):81-86.

主体重复救助同一贫困村落或者相同的贫困人口。导致扶贫资源的分配不均和巨大浪费，严重影响了新晋商在贫困治理中的作用。

第三，新晋商参与贫困治理中出现精英捕获现象。精英捕获，是指本应该惠及大众的资源被少数群体（常常是政治或经济上有权力的集团）占有，从而导致在政治和经济上权力较弱的集团的利益受到损害的现象。[1]这种现象在新晋商参与贫困治理的实践中表现为受扶地区的扶贫资源并没有落实到真正的贫困人口头上，而是出现了偏差，偏向了那些经济基础相对而言比较不错、短时期内容易出现政绩的村落，在村庄内部则表现为资源偏向了那些具有权势或者相对而言并不是最贫困还具有一定发展潜力的家庭。这种现象发生的原因，一方面是来自经济和社会快速发展导致的社会分化，产生了社会精英群体；另一方面来自社会处于转型过程的痛点，即相关制度尚未健全，使得弱势群体的利益得不到切实保障。党建引领下的新晋商参与贫困治理项目实施过程中出现的精英捕获现象使得扶贫目标和使命未能精准实现，扶贫工作的公正性遭到破坏，对真正处于弱势地位的贫困人口的切身利益造成了极大程度的损害。

五、党建对贫困群众内生动力的影响欠缺

习近平在党的十九大报告中提出，要注重扶贫同扶志、扶智相结合。《关于打赢脱贫攻坚战三年行动的指导意见》提出，要"开展扶贫扶志行动，树立脱贫光荣导向，提高贫困群众自我发展能力"。[2]反贫困过程中，政府帮扶只是外在推动力，贫困群体自身所树立的脱贫之志才是贫困治理的内生源动力。因此，激发贫困群众的脱贫攻坚的内生动力被纳入党建引领下新晋商参与贫困治理举措的基础任务之中。

物质充足、生活富有是脱贫攻坚的目标，但不是其最根本的目的，精准

---

[1] 易棉阳.论习近平的精准扶贫战略思想[J].贵州社会科学,2016(5):139-144.

[2] 王强.贫困群体脱贫内生动力及影响因素研究——基于全国农村困难家庭2014～2016年面板数据的实证分析[J].云南民族大学学报（哲学社会科学版),2020(1):90-99.

扶贫工作的最高追求是帮助贫困人民从思想根源上转变观念，坚信每个人都有追求幸福的机会，并且着重关注帮助贫困地区的人民提高知识文化水平，进而逐步走向现代化，共同享受新时代的幸福。所以说，党建引领下的新晋商参与贫困治理工作最艰巨的任务在于帮助贫困地区人们"扶志""扶智"。许多地区的贫困群众存在着消极被动接受政府资金和资源的援助，甘于现状，不想做出改变。比如最近很火热的电视剧《山海情》中，在扶贫工作开展的前期阶段，西海固的村民不想搬出大山，不想做出改变，坐等政府每月给发放的救济金。产生这种现象的根本原因就在于贫困地区人民的贫困思想观念根深蒂固，一代又一代人努力奋斗依然难以摆脱现状，导致他们思想麻木，安于现状。这种思想和文化的横向传播会对其他群众产生消极影响，纵向传递会使得下一代也同样安于现状，成为脱贫攻坚事业最大的绊脚石。

综上所述，党建引领的新晋商参与贫困治理需要多方协调解决贫困群众发展动力不足的问题，从根本上激发贫困群体的自立自强意识。与此同时，随着市场化进程的加快，农村人口逐渐向城市流失，基层党组织的组织凝聚功能也随之弱化。乡村自古以来留存的平均主义思想影响不容小觑，在此环境的影响下，扶贫资源的分配趋向平均化。除此之外，新晋商作为扶贫过程中的社会力量具有分散性，这就使得扶贫过程中出现精英捕获和地方主义的现象。扶贫工作队存在着的一些技术短板，也导致了对贫困对象的识别和帮扶不精准，在一定程度上对扶贫成效产生不利影响。

第三节　党建引领新晋商参与贫困治理的完善

党建引领新晋商参与贫困治理过程中，基层党组织的扶贫工作主要包括发放救济金、提供资源、定点帮扶等，往往只能在短期内增加贫困人口的收益，脱贫效果昙花一现，缺乏可持续性，原因就在于缺乏系统的脱贫机制。所以，我们党和国家的治理一直强调要保持制度的长期性、根本性和稳定性。党建引领的新晋商参与精准脱贫的最高目标追求在于培养贫困群众的内生动力，通过发展教育事业、培训基本技能等增强贫困人民的反贫困能力，掌握一技之长，用自己的双手创造财富。我们还需要采取一系列的措施使得贫困人民的反贫困能力制度化、长期化。建立健全与精准扶贫政策相配套的管理机制，制定出更容易操作的、更明确具体的工作细则，将自我发展能力的培养以制度的形式加以确认。除此之外，党建引领的新晋商在精准脱贫工作中需要开展与扶贫项目相对应的基本知识的传授和必备技能的培训，保障贫困地区的基础设施供给，尽最大能力争取政策的支持，从而实现新晋商产业的繁荣发展和脱贫攻坚事业全面胜利的双重效果。

一、构建多层次的党建扶贫机制

要想发挥党建的核心引领作用，新晋商在贫困治理过程中必须要加强基层党组织的制度建设，为脱贫攻坚奠定组织基础。我们需要深刻认识到党组织对于贫困治理统筹规划的战略意义，夯实党组织的执政根基，巩固党的基层政权，理顺基层党建引领精准扶贫的主体建构，落实党组织的主体责任，以高度的责任担当创新党建引领新晋商贫困治理的工作方法，健全并完善基层党建工作的体制机制。

首先，党建引领的新晋商参与贫困治理需要完善包括市场、政府和社会组织在内的多主体多层次的复合型贫困治理体系。在这个体系中，三大主体既能有效沟通、相互协作，又能相互监督，保证各个主体都能够完成自己的本职工作，井然有序参与贫困治理。多主体参与的复合型治理体系，打破了原有相对封闭的基层党建模式，使得党建引领的贫困治理真正走进基层，细致入微地体察民情，实现"纵向到底，横向到边"组织体系。党建引领作用的发挥应该尽量实现360度无死角全方位覆盖的党组织工作，从而为新晋商参与贫困治理工作提供强有力的制度保障和机制支撑，使扶贫工作真正做到精准识别、精准帮扶、精准管理和精准考核。

多层次的复合型精准脱贫体系需要遵循如下四个方面的基本要求：一是需要保证市场、政府和社会组织的积极参与，三大主体发挥各自优长，劲往一块使，齐心协力为脱贫攻坚事业奉献力量。二是三大主体明确自身的角色任务，政府宏观规划，提供政策支持；市场主体帮助贫困人口融入市场经济体系，提高经济能力；社会组织动员社会力量，全方位多层次地扶助贫困人口脱贫致富。三是三大主体都应该在法律准许的范围内发挥作用，构建"亲""清"政商关系，抵制腐败。四是三大主体要保持有效沟通，及时关注反映扶贫对象发展变化，三者需要相互协商共同发挥作用，系统规划对同一扶贫对象的扶贫行动，确保扶贫的成果和效率。因此，党建引领下新晋商参与贫困治理体系在以上四个基本条件的共同作用下表现为：三方主体对某一扶贫对象展开具体调查，了解致贫的深层原因，具体问题具体分析，在此基础上三方主体共同商讨、统筹规划扶贫资源，然后三方主体分工协作，相互配合，相互监督，助力脱贫攻坚事业。

其次，健全扶贫资源按时按量下放至贫困区域的监督约束机制，摆脱贫困治理中的管理服务瓶颈。新晋商参与贫困治理的效率与扶贫资源的落实、整合和配置息息相关。正如"扶贫离不开资源的投入与整合，但资源的构成、资源的配置形式、资源的整合机制、资源的使用方式都能反映出社会力量扶贫的科学与否，也切实影响着扶贫的效果。"[1] 因此，精准扶贫工作开展的重中之重是规范管理扶贫资源的落实、整合和配置的程序。党建引领的新晋商必须依法依规筹集落实精准扶贫资源，以扶贫计划为依据科学合理配置资源，创新资源整合渠道，实现党建引领下新晋商与扶贫资源的有效衔接，最大程度地发挥扶贫资源的功效。为了实现对扶贫资源的规范科学化精准管理，需要建立科学、透明的新晋商精准扶贫的监测评估机制，推进其他社会组织积极参与脱贫攻坚事业，开展以第三方为主的公正高效的监测评估机制。与此同时，要抓紧对监测评估方法的创新研究，及时公开评估结果，以此更进一步实现党建引领下新晋商贫困治理的公信力和影响力，在此基础上还需建立社会监督为主，政府监督、舆论监督和行业监督为辅的科学规范的监督体系，对新晋商贫困治理项目的公开招标信息和扶贫资金用途明确的信息及时公开，倡导其他社会组织积极参与扶贫资源的使用并充分接受社会各界力量对其资

[1]李颖.社会扶贫资源整合的类型及其适应性[J].探索,2015(5):146-151.

源使用情况的有效监督。

最后，积极优化新晋商内部的治理结构，增强其内部组织设置的规范化程度，扩大财务制度的明晰化和人事制度的科学化。除此之外，党建引领下的新晋商还需要及时了解和洞悉国家扶贫政策的相关规定、精准扶贫的目标要求，并以此为参照，定期对自身的政策实施落实情况进行评估和自查，及时处理解决贫困治理过程中存在的各项问题，通过不断调整改善贫困治理行动来确保贫困治理的服务质量，增强贫困治理服务的有效性，为加快脱贫攻坚事业的进程贡献自身力量。

二、完善"党建 +"贫困治理模式

党建引领下的新晋商参与贫困治理就类似于"党建 +"的精准扶贫模式，这种模式更具针对性，能够因地制宜地推进扶贫工作，制定的措施符合当地实际情况，更有利于当地贫困人口又快又好地摆脱贫困，迈向小康。构建"党建 +"的精准扶贫工作模式，能强化基层党组织的主体责任感、延伸党组织的潜在功能，从而使得党建工作与新晋商参与的贫困治理工作深度融合；构建区域化的、具有开放性、多元性和整合性的党建扶贫模式，通过挖掘贫困区域内各级各类社会组织的协同作用，推动区域内党建扶贫工作的组织全覆盖和有效融合，从而实现基层党组织建设、新晋商精准扶贫和贫困地区基层治理的同频共振。"党建 +"模式和区域化模式的共同之处就在于基层党组织在其中发挥着举足轻重的作用，作为核心引领者，党组织能够上传贫困群众的需求，下达扶贫政策的支持力度，在扶贫对象和扶贫主体之间架构桥梁，推进扶贫进程，提高精准扶贫效率。"党建 +"贫困治理模式具体有以下三种表现：

首先是"党建 + 产业"，驻村第一扶贫书记要与贫困村干部保持立场一致，共同谋划脱贫致富的最佳办法，真正地实现"对症下药"和"靶向治疗"，推进脱贫项目产业化、落实链条式发展。除此之外，党建引领下的新晋商参与贫困治理过程中可以根据扶贫对象所在地的情况因地制宜、鼓励扶持当地居民建造蔬菜大棚、农家庄园、蔬菜水果加工厂、种植药草、开发非遗文化旅游事业等，使贫困人口在基层党组织的有效带领下拿出干劲、行动起来，发展造血式扶贫模式。这种模式远远胜过以往的仅仅发放救济金的扶贫手段，而是能够动员贫困人口积极行动，提供给他们用自己双手创造财富的机会，增强自我发展能力，从长远情况考虑，促进贫困治理事业的有效发展。党组织在带领人民脱贫致富的过程中提高自身威望，不断总结经验积极进取，以更加饱满的热情投入到为人民服务的事业中去。

其次是"党建＋助学"，要想从根本上消除贫困，就必须大力发展文化教育事业，增强国民基本素质，让每个人都有机会实现自己的人生价值。然而现实情况是，目前有很多贫困地区的学生因为家境贫寒而错失上学机会，即使学习成绩相当不错也只能为了家庭的生计外出打工。这样的情况让人痛心，所以党建引领下的新晋商参与贫困治理要彻底落实"党建＋助学"模式，为贫困地区的学生提供上学机会，铺平求学道路，真正实现为自己的人生做主。党组织和新晋商可以相互配合设立专项助学资金项目，通过"学校推荐＋自主考察"的方式识别贫困学生，把德、智、体、美、劳全面发展的优秀学生作为重点资助对象。通过为其提供助学金、资助书本等学习用品的方式促进学业发展，为他们提供成才机会。

最后是"党建＋文化"，党建引领下新晋商参与贫困治理过程中还需要挖掘当地文化资源，发挥当地文化特色优势，振兴文化产业。贫困地区拥有丰富的地域文化或民族文化，各个村落都在长期发展中积累了丰厚的特色文化资源。当地特色的文化资源可以搭乘文化产业这趟快车，发挥自身的辐射力、扩大影响力，形成优势文化品牌，提升地方特色文化资源的附加值。与此同时，文化产业的兴起不仅可以通过提高当地文化知名度来招商引资，还可以通过旅游业的发展促进贫困地区基础设施的建立和完善。对当地特色文化资源的挖掘还可以在很大程度上保护和传承当地的非物质文化遗产，保留当地村庄独特的文化特征，促进乡村文化振兴。风云巨变的 20 世纪，传统乡村生活方式急剧向现代化转变，进而出现了礼俗衰败，"差序格局"被打破，乡村实践共同体解体的现象，传统文化与现代文化割裂开来。[1] 近年来，一些急于求成的扶贫措施只是一味地看中贫困地区的经济增长，而严重忽略了对当地传统文化的保护，结果就是很多贫困地区的经济发展与文化发展极不协调。所以说，党建引领的贫困治理工作应该从文化与经济两方面共同着手，促进脱贫攻坚事业完成的同时更要注重当地的文化振兴。

三、实施动态化的扶贫管理机制

要想确保党建引领的新晋商参与贫困治理目标的实现，必须确保扶贫主体对于贫困人口的精准识别和精准帮扶，以及科学精准的动态管理。

首先是要实行贫困村精准识别的动态分类机制。及时对国家精准扶贫政策进行解读，并在此基础上有效整合扶贫资源，针对某区域贫困程度的不同精准实施不同类别的扶贫政策，把具体问题具体分析的应用范围扩大到行政村级别的层面，尊重村内所有贫困人口的权利，一个不能落下地保障他们的基本生活，对于有劳动能力的群众要及时救助，为他们提供脱贫致富的机会，推进政策性扶助，做到"应扶尽扶""应保尽保"。一方面，党建引领下的新晋商可以充分结合政府自上而下甄选和群众自下而上申请的两种精准识别贫困人口的模式，对贫困人口的规模进行确定和完善，从而有利于党建引领下的新晋商在最大程度上精准识别到所有的贫困人口。另一方面，党建引领下的新晋商在集中连片贫困地区实施精准扶贫的过程中，需要认真落实政府对于集中连片贫困区制定发布的政策标准。在关注集中连片地区扶贫开发的同时，也需要对贫困区外的贫困群体给予精准、平等的扶助措施，确保区内外的贫困群体都能够得到精准的认定和救助。[2]

其次需要党建引领下的新晋商实施及时高效的贫困治理模式。为了有效提高基层扶贫干部的工作积极性，探索更具操作性和实践性的精准扶贫模式，

---

[1]范建华.乡村振兴战略的理论与实践[J].思想战线,2018(3):149-163.

[2]杜志雄，詹琳.实施精准扶贫新战略的难题和破解之道[J].中国发展观察,2015(8):23-26.

政府对扶贫政策的实施不能全盘照搬，完全确定，而是需要保持一定的弹性，为扶贫干部结合实地情况从而确定更高效的扶贫措施留足空间。

党建引领的新晋商参与贫困治理的动态化过程可以表现为四个方面。第一，为已被精准识别到的贫困人口实行脱贫计划，保障足够的资金支持，尽量减少不必要的基层扶贫项目的资金配套要求，坚决杜绝扶贫资金被某一部门或某一干部私自挪用的不良现象的出现，要确保扶贫资金精准到户，为贫困人口提供实质性帮助。

第二，扶贫项目必须落实到户，保证其扶贫属性不更改，切忌扶贫部门把扶贫项目当作单一产业来一味地追求经济效益而将"脱贫攻坚"的初心使命抛之脑后。与此同时，在产业扶贫项目实施前期，在规划生产发展前景的同时还需要设计市场营销方面的相关策略，在一定程度上为贫困群体实现增产增收，提质提效提供保障。新晋商通过实行产业发展带动贫困户实现精准扶贫的过程中，不能简单地把贫困户视作初始材料的提供者，而是必须明确显示贫困人口的盈利方式。

第三，政府需要经常性地为扶贫干部和当地干部提供切实有效的具有较强针对性的知识技能培训服务，增强他们的扶贫服务能力，成为精准扶贫事业前进过程中的催化剂。

第四，逐步转变以往的扶贫指导理念，尽量减少一味依托开发扶贫产业促进经济发展的扶贫模式，而是要着力构建能够对农村社会发展形成长期保障的安全网，以此为依托促进开发式和保护式密切结合的扶贫方式。

四、激发脱贫攻坚的内在动力

首先，积极健全贫困治理的各项政策激励机制。一是建立健全与扶贫成效相衔接的优惠扶助政策。扶贫政策文件中应该明确指出政策的实施范围、执行力度、服务对象等，这些政策包括就业扶助、产业援助、税收优惠和信贷支持等政策文件。同时，依据党建引领的新晋商的贫困治理绩效，帮助贫困人民重新树立价值标准，制定具有可行性的优惠标准，并按照此标准完成相应政策的落实。二是建立一定的荣誉性激励政策。党建引领的新晋商贫困治理过程中政府需要尽可能地设置各种荣誉奖励，对积极参与扶贫行动的人员给予一定的正向激励，在社会中形成一定的舆论影响，以此来达到广泛动员社会各界人士都来参与脱贫攻坚的理想效果。荣誉性政策积极作用发挥的前提是建立评审过程的公开透明、评审规则的公平公正、评审程序的科学高效，让群众真正信服，增强扶贫主体的内心自豪感。三是推进扶贫信息的显示机制，避免由于信息服务平台的缺乏造成的信息误读，进而导致党建引领的新晋商参与贫困治理工作的重复帮扶情况的发生。这就需要基层政府建立健全精准扶贫分工协作、互相监督的工作机制，结合现代化的信息技术服务，完成新晋商贫困治理信息服务平台的建成。信息平台能够展现贫困地区人口的建档立卡信息和家庭收支情况的动态等，有助于精确了解贫困群众真实需求并能够推进扶贫资源供给与扶贫需求的有效对接的相关信息，以此来提高党建引领下新晋商的贫困治理效率。遵从精准扶贫的有效对接性要求，依托信息显示机制，倡导各级各类社会力量统筹规划精准扶贫项目，政府可以通过向社会力量寻求援助、购买社会力量的扶贫服务来公布政府设定的扶贫项目、贫困人员的真实需求、项目进行预算、项目成果评估方式、对社会各界的资质要求等信息，让扶贫主体根据自身条件情况和专业技术能力选择合适的救助对象并为其量身打造扶助措施，实施精准的扶贫行动，让党建引领下的新晋商真正做到对扶贫工作的精准到位，有效提高新晋商扶贫的供给质量和资源配置效率。

其次，基层干部也在扶贫中扮演着至关重要的角色，他们的工作能够对党建引领下的新晋商参与贫困治理工作的成效产生重大影响。所以，要积极采用正、负双重激励以激发基层干部参与精准扶贫工作的内在动力。一方面，对于那些在贫困治理工作中表现积极并且收获可观成效的扶贫工作者予以正向激励。对扶贫成绩卓越的基层干部要予以丰厚报酬并得到提拔重用，让他们能够在继续从事专业工作的同时得到更高级别的物质和精神待遇。另一方面，要坚决与消极腐败作斗争，对某些基层干部的滥竽充数行为、以不正当手段谋取利益的腐败行为予以负向激励。这就需要将党建引领下的新晋商参与贫困治理工作的进展与成效进行及时公开，让全社会可以利用阳光考评机制的实施，参与到对脱贫攻坚事业的监督、考评中，以此来激发基层干部参与精准扶贫工作的积极性，加强对扶贫成果考核的重视程度。还需要实行一定的反馈追究机制，实时追踪并及时反馈基层领导参与精准扶贫工作过程中出现的弄虚作假行为，一旦发现就要在第一时间进行严肃处理，不给消极腐败行为滋生的机会。

再次，党建引领下的新晋商参与贫困治理工作落脚点是对于贫困群众脱贫意识的激发，"扶志"和"扶智"是具有根源性的贫困治理手段。脱贫攻坚工作的关键在于思想上的脱贫，因此党建引领下的新晋商参与贫困治理工作过程中可以通过全面普及贫困地区教育、党政干部的积极宣传以及对当地文化资源的开发利用等手段最大程度上激发群众的脱贫意识。贫困群众的思想积极性是开展行动的前锋号角，而思想积极性激发的关键就在于贫困群众的内心需求是否能在贫困治理工作中得到真正的满足，而且必须将摆脱贫困看成是贫困人口基本权利的实现。

最后，在实际的操作过程中，党建引领的新晋商精准激发贫困人口脱贫攻坚的思想积极性需要遵循以下三个基本原则：一是必须保证精准扶贫过程中所有环节实施的透明性和公正性。二是要充分尊重贫困人口的意见表达权。贫困农民对贫困和反贫困有自己的理解，在扶贫过程中，每一个被扶持对象都要尽可能充分地表达自己的意见。他们表达的意见应得到资源投资者的充分考虑和吸收；对于未被考虑吸收的意见，应充分说明理由。三是注意贫困人口在精准扶贫工作中管理意识的培养和监督权利的实现。要让贫困人口在脱贫攻坚的过程中化被动为主动，积极参与并尽可能做到自主管理，还要加强对精准扶贫活动开展、精准扶贫资源利用的监督力度。

五、统筹发挥当地资源优势

拥有丰富的宝贵资源是一个社会创新与发展的前提和基础[1]，地大物博是一个地区发展的特别优势，资源禀赋不仅指一个地区的作为不动产的土地，还包括劳动力、资本和技术等作为可动产的生产要素。党建引领的新晋商参与贫困治理的背景下，占有资源优势的贫困地区能够在迈上脱贫致富之路夺得先机，丰厚的资源要素可以为当地的脱贫攻坚事业提供一臂之力。也就是说，各地拥有的不同的资源禀赋决定了各地独特的贫困治理模式。三晋大地最为显著的特点便是各地的特色资源，从我省的现实状况看来，地形特点主要是分布在东部地区以太行山脉为主体的块状山地，而西部则是以吕梁山为骨架的黄土高原，中间是一串珠状盆地。中西部地区的贫困村庄多处于偏远山区，土地和林地的资源相对丰富，地大物博，常住人口也比较多，因此，丰厚的劳动力资源也是其优势所在。依托当地的特色资源为优势发展扶贫产业，已成为党建引领下的新晋商参与贫困治理的重要模式。就目前而言，党建引领的新晋商参与贫困治理过程中可依托的资源优势主要包括文化资源、信息资源、技术资源和市场资源。

首先是文化资源。文化资源优势的发挥首先需要保证民间传统手工艺、文物古迹、特色民居和当地节庆活动等文化资源的特色化，而不是盲目追求潮流化，随意地仿照别的地区的文化发展模式。其次，在发展文化旅游产业的同时强调对当地文化内核的保护开发，尽量保持文化的原汁原味特征，切忌过分追求商业价值而丢失掉当地特色文化的原本内涵。再次，挖掘开发当地宝贵文化资源的出发点是促进贫困地区的经济发展，以发展成果来回馈当地居民，提高贫困人口的幸福感，让当地居民重新认识传统文化的魅力，发自心底地认同老祖宗传承至今的文化，达到增强文化自信的效果。文化扶贫对党建引领下新晋商参与贫困治理事业的发展，并在此基础上促进农村文化

---

[1]杨文欢.自生能力与比较优势：基层治理可持续创新的分析框架［J］.内蒙古社会科学（汉文版），2019（3）：75-80.

振兴具有里程碑式的意义。传统村落孕育了一系列具有共同文化符号的群体活动或事物，如生产组织、祭祀活动、民俗文化等，并通过共享的文化符号产生包含彼此的关联域，进而演变成一个休戚与共的实践共同体，而这个共同体正在解体。[1] 幸运的是，乡村实践社区的解体还没有完全完成，可以通过重新编织关系网络来修复。文化扶贫在梳理和开发本土文化资源的同时，实际上是在再生相关领域。通过建立手工业合作社、特产合作社和其他生产合作社，用多个相互关联的小规模实践社区取代传统社会中的大规模实践社区，对扶贫和乡村振兴都具有积极意义。

其次是技术资源。某一地区只有拥有了核心技术，才能具备核心竞争力，在社会发展中拔得头筹。党建引领的新晋商参与贫困治理过程中，可以借助政府资源，为贫困地区吸引高科技人才，为当地发展注入新鲜血液。同时也可凭借贫困地区所具备的特色资源，与三晋大地上的各个高校和科研院所进行合作，一方贡献资源，为科研提供实验基地；另外一方研究技术，创造出印有贫困地区独有标志的品牌产品，从而实现和谐双赢，共生发展。

再次是信息资源，现代社会发展进步突飞猛进，互联网几乎是全方位多角度地覆盖到了社会的各个角落。近年来，以互联网为载体的新媒体迅速崛起，信息传播几乎实现全球同步；电商平台也如雨后春笋般节节升高，网上购物发展得如火如荼，互联网的出现使得社会的发展发生了质的变化。党建引领的新晋商参与的贫困治理便可以借此机会，让贫困地区搭乘互联网信息的"便车"，实时高效传递各方供需信息，进而让健康绿色的农产品在全国甚至全世界的各个角落自由穿梭。

最后是市场资源，目前我国实行的是社会主义市场经济，市场在其中发挥着决定性的作用，贫困地区的发展更是与市场资源息息相关。所以说，党建引领的新晋商参与贫困治理过程中需要引导贫困地区积极参与到市场流通中，及时获取市场信息，统筹利用好市场资源，制定专项计划，使市场能为

---

[1]樊友猛，谢彦君.记忆、展示与凝视:乡村文化遗产保护与旅游发展协同研究[J].旅游科学,2015(1):11-24.

贫困地区自身的发展服务。

　　综上所述，党建引领的新晋商可以通过发展教育事业、培训基本技能等增强贫困人民的反贫困能力；通过积极推进区域化的、具有开放性、多元性和整合性的党建扶贫模式，在扶贫对象和扶贫主体之间架构桥梁，推进扶贫进程；利用与精准扶贫政策相配套的科学精准的动态管理机制的建立健全，促进贫困人民的反贫困能力制度化、长期化；借助对当地资源要素的统筹规划，为脱贫攻坚事业提供一臂之力。

第五章　党建引领下新晋商参与相对贫困治理

改革开放以来，尤其是实施精准扶贫战略以来，中国的反贫困工作取得了历史性成就。2020 年 12 月 3 日，习近平在中共中央政治局常务委员会会议上明确指出我国"现行标准下农村贫困人口全部脱贫，贫困县全部摘帽，消除了绝对贫困和区域性整体贫困，近 1 亿贫困人口实现脱贫"。然而，绝对贫困的消除不等于贫困治理的结束，而是意味着我国的贫困治理面临新的课题。正如习近平总书记所说"脱贫和高标准的小康是两码事""相对贫困、相对落后、相对差距将长期存在"。在"后贫困"时代，我国的贫困治理将从摆脱以生存为核心的绝对贫困转向缓解以发展为核心的相对贫困的新阶段。

新晋商在参与贫困治理的过程中，不仅创新了扶贫模式，积累了大量经验，也成为山西打赢脱贫攻坚战的重要力量和贫困治理的重要主体。伴随着脱贫攻坚任务的圆满完成和我国贫困治理重点的转换，新晋商想要在后扶贫时代找准自己的位置，继续发挥积极作用，就必须紧跟国家的战略安排，转换扶贫思路，在党的领导下参与到相对贫困治理的过程中，延续新晋商的风采和传奇。

第一节　相对贫困的本质和特征

2020 年以后，我国扶贫战略发生历史性转变，相对贫困治理成为我国贫困治理的重要内容。相对贫困治理是我国巩固脱贫攻坚成果，衔接乡村振兴和缩小城乡发展差距的必由之路，更是中国共产党为实现共同富裕的中华民族伟大复兴中国梦的应有之义。因此，面对历史和实践对新晋商提出的崭新课题，必须重新审视我国相对贫困治理的现状，把握相对贫困的本质和特征，为我国后扶贫时代相对贫困治理提供现实和理论支撑。

一、从绝对贫困到相对贫困

理解相对贫困问题，首先需要对贫困问题进行"扫描"。从贫困的研究历史看，对贫困的定义首先从绝对贫困开始。朗特里 (S. Rowntree) 在其开创性研究《贫困：城镇生活研究》(Poverty：A Study of Town Life) 一书中明确提出了绝对贫困概念：一个家庭处于贫困状态是因为其所拥有的收入不足以维持其生理功能的最低需要。并按照获得维持体力的最低需求的"购物篮子"即食品、住房、衣着和其他必需品等估计了一个最低生活支出，即贫困线，然后按照这一贫困线估计出贫困人口数量和比例。其后，人们对于贫困和贫困线设定的研究乐此不疲，如美国学者奥珊斯基 (Orshansky，1964) 运用恩格尔理论和思想，将食物支出费用的 3 倍所测度的收入水平定义为贫困线，并提出了以恩格尔曲线拐点作为贫困线的标准；经济学家马丁·瑞沃林 (Martin Ravallion) 进一步提出了包含最低非食物需求在内的贫困线标准（即"马丁法"），同时将低贫困线和高贫困线作为衡量贫困的上下限区间。

以上关于贫困的判定都是基于人们生存或者生活的最低需要，"最低"的需求是绝对贫困的"内核"。实践中，这种判定方法便于识别和划定贫困人口，具有极强的操作性。正因如此，许多国际组织、政府部门和研究者也都沿用了绝对贫困的判定和识别方法。国际上常用的绝对贫困线是 1990 年制定的，世界银行选取当时一些最贫穷国家居民维持最低生活所需要的收入，通过购买力平价换算进而划定 1.01 美元每人每天的贫困标准，用以衡量全球的绝对贫困状况。该贫困线分别于 2008 年、2015 年调整为日均 1.25 美元和日均 1.9 美元。我国的农村贫困标准是国家统计局基于食物贫困线和非食物贫困线确定的，先后采用过 3 个标准，分别是"1978 年标准""2008 年标准"和"2010 年标准"三个农村贫困线标准。其中，"1978 年标准"确定为每人每年 100 元，底线是"果腹"。"2008 年标准"界定为每人每年 1196 元，底线是"有吃、有穿"。"2010 年标准"为现行农村贫困标准，按 2010 年物价水平确定为每人每年 2300 元，以求达到"两不愁"。

简言之，绝对贫困是用客观的维持基本生存需求的物质标准来衡量贫困，通常包括食品、住房、衣服等。这种衡量标准主要是判断个人（家庭）能否具有维持基本消费和简单再生产的物质基础，从某种程度看，绝对贫困是贫困主体自身的纵向比较，即当前的物质基础能否维系未来甚至当下的生存，是事关存续的生存问题。

随着人类社会的进步和经济的发展，人们对贫困的理解和界定愈发深入。就贫困计量和标准而言，单纯的经济指标并不能完整、准确地描述和分析贫困问题，甚至经济指标也会随着社会发展状况更新调整。贫困人口的生存状态也日益受到研究者的关注。20世纪60年代以后一些学者提出了相对贫困的概念。朗西曼（Runciman）较早地把相对剥夺（Relative Deprivation）运用于贫困分析中，这是相对贫困概念提出的理论基础。相对剥夺可以理解为虽然人们的收入能满足其基本的生活需要，但是不足以达到社会的平均生活水准，仅能维持低于平均生活水平的状况。这种"比较"的思维成为后来相对贫困的概念"内核"。福齐斯·维克多（Fuchs Victor）是最早明确提出相对贫困概念和首次使用相对贫困标准的研究者。他把贫困线确定为美国全国人口收入分布的中值的50%，这种确定相对贫困线的方法为后来的研究者所沿用。汤森（Peter Townsend）发展了相对贫困概念，在其经典研究《英国的贫困》中提出"贫困不仅仅是基本生活必需品的缺乏，而是个人、家庭、社会组织缺乏获得饮食、住房、娱乐和参与社会活动等方面的资源，使其不足以达到按照社会习俗或所在社会鼓励提倡的平均生活水平，从而被排斥在正常的生活方式和社会活动之外的一种生存状态"。他就贫困状况包括人们的收入和生活方式等诸多信息在英国范围内进行调查分析，由此得出了剥夺指数的指标体系，对西欧国家普遍采用相对贫困线的做法起到了很大的影响。阿马蒂亚·森（Amartya Sen）则认为贫困可以用可行能力的被剥夺来合理识别，并提出了"能力贫困"的概念。森认为贫困的实质不是收入的低下，而是可行能力的贫困。收入的不平等、性别歧视、医疗保健和公共教育设施的匮乏、高生育率、失业乃至家庭内部收入分配的不均、政府公共政策的取向等因素都会严重弱化甚至剥夺人的"能力"，从而使人陷入贫困之中。

由此可见，相对贫困是一种多维视角，一方面关注贫困主体脆弱性、无发言权、社会排斥等社会层面的"相对剥夺感";另一方面关注贫困主体在收入、能力、权利等方面在社会中的相对位置。因此,相对贫困的测量的重要方法是将贫困主体与社会进行横向比较,并综合主体在社会中的物质和精神状态,即当下物质和精神水平是否低于社会平均水平。本质上,相对贫困问题是一个社会中不同群体的不平衡问题,不仅与不同群体之间拥有的财富、收入等物质条件有关,也与社会公平、自我认同等主观感受密切相关。

必须明确的一点是,绝对贫困和相对贫困是分析和解决贫困问题的不同角度,并不是对立关系。同时,两者有着密切的联系。一方面,随着贫困标准的不断改变,相对贫困问题将长期存在,绝对贫困问题也会伴随着阶段性出现;另一方面,在一定时期内,消除绝对贫困为缓解相对贫困奠定了基础,并创造了条件。[1]这是学者们在长期认识和寻求解决贫困问题的过程中达成的基本共识。

贫困是一个动态、历史的概念。人类对贫困的认识受到经济社会发展水平的限制,在近代社会以及现代化的早期阶段,由于物质与经济的绝对短缺,导致相对贫困问题被遮蔽。随着经济社会发展、社会差别拉大,相对贫困问题逐渐受到关注。[2]或者说,相对贫困概念的出现是对贫困概念的进一步加深和拓展。就"贫困"的表意而言:"贫"与"富"相对,是指缺乏财富,《庄子》有云"无财谓之贫",《说文》中也写道"贫,财分少也";"困",木在口中,指陷在艰难痛苦或无法摆脱的环境中。如果说"贫"从物质经济角度观察到自身的匮乏现象,"困"就是将自身感受与外部环境相联系。"贫""困"连用,一方面凸显物质条件对于贫困问题的重要意义;另一方面也显示出贫困问题的外延性,即内因与外因共同致贫,物质与精神双重匮乏。可以说,从"贫"到"困",贫困的定义从绝对向相对扩展。[3]

[1] 汪三贵,刘明月.从绝对贫困到相对贫困:理论关系、战略转变与政策重点[J].社会科学文摘.2020(12):17-20.

[2] 向德平,向凯.多元与发展:相对贫困的内涵及治理[J].华中科技大学学报(社会科学版),2020(02):31-38.

[3] 吴振磊,王莉.我国相对贫困的内涵特点、现状研判与治理重点[J].西北大学学报(哲学社会科学版),2020(4):16-25.

二、相对贫困的本质：不平等性

从物质缺乏到物质丰裕，从忽视精神到重视精神，经济社会的发展不断推动贫困认识的"再发现"。随着我国脱贫攻坚任务的完成，相对贫困治理也逐步进入我国贫困治理的视野，党的十九届四中全会提出，"坚决打赢脱贫攻坚战，巩固脱贫攻坚成果，建立解决相对贫困的长效机制"，[1]为我国下一步反贫困工作提出了重要议题。因此，要建立解决相对贫困的长效机制，首先要把握相对贫困的本质。

尽管国内外学者普遍认为绝对贫困是贫困的内核，相对贫困较之于绝对贫困处于较外围的位置，但就其本质而言，相对贫困仍然是一种较低水平的生存发展状态。魏津生、童星、林闽纲（2001）认为相对贫困是指低于社会公认的基本生活水平，缺乏扩大社会再生产的能力。郭熙保、罗知（2005）认为相对贫困指的是个人或家庭所拥有的资源，虽然可以满足其基本的生活需要，但是不足以使其达到社会的平均生活水平。[2]左停（2019）认为，相对贫困是指社会上一部分人口的收入和生活水平低于其他群体，从而处于一种相对匮乏的状态。[3]林闽纲（2020）认为相对贫困（Relative Poverty）是基于特定参照群体而提出的，即同一时期，不同成员之间由于主观认定的可维持生存水准的差别而产生的贫困。[4]张琦、杨铭宇、孔梅则直接将相对贫困的基本内涵总结为三点：一是家庭能满足生存必需品，但未能满足社会需求，生活状态低于特定环境下的平均水平；二是遭受不公等待遇，因被体制排斥而被剥夺社会参与的机会，缺乏安全感和话语权；三是个体或家庭生计能力羸

[1]新华社.中共中央关于坚持和完善中国特色社会主义制度推进国家治理体系和治理能力现代化若干重大问题的决定[EB/OL].人民日报，http://cpc.people.com.cn/n1/2019/1106/c64094-31439558.html，2021-02-04.

[2]郭熙保，罗知.论贫困概念的演进[J].江西社会科学，2005（11）：38-43.

[3]陆汉文，杨永伟.从脱贫攻坚到相对贫困治理：变化与创新[J].新疆师范大学学报（哲学社会科学版），2020（5）：86-94.

[4]林闽纲.相对贫困的理论与政策聚焦：兼论建立我国相对贫困的治理体系[J].社会保障评论，2020（1）：85-92.

弱，难以有效进行社会再生产，且易遭受风险冲击。[1]

"弱""不足以""低于""匮乏""差别"都表示一种较差或较低的水平，是一种差别和不平等。表面上，这种不平等暗含"比较"的意味，是一种与其他社会成员相对的概念。但更为本质的是，这种"比较"仍然具有贫困的"内核"。正如森所说，"贫困的概念中存在有一个不可能缩减的绝对贫困的内核，即把饥饿、营养不良以及其他可以看见的贫困，统统转换成关于贫困的判断，而不必事先确认分配的相对性"。[2]对这种贫困内核的理解可以用一个简单的例子来解释：如果一个人每天需要10元来保证其常态生存，那么有2元和3元的人都是处于"贫困"状态，这个判断不是由于两人对比而得来的相对的、比较的结论，而是由于2元或者3元都不足以满足其常态生存。因此，即使我们一般认为相对贫困的状态稍好于绝对贫困，认为前者是"第二波"的贫困，但"根本的问题要求我们按照人们能够实际享有的生活和他们实实在在拥有的自由来理解贫困和剥夺"[3]，相对贫困仍是人类社会面对贫困不可回避的问题。直面相对贫困的治理难题并不代表人类在与贫困的斗争中取得了胜利，而是意味着我们对贫困的认识更深入也更全面，并将与之进行更为持久和艰苦的斗争。

此外，国内外学者常常用"收入不平等"来理解相对贫困问题，即按照一定的最低百分比确定相对贫困的比例，这也是相对贫困问题不平等本质的重要表现。1976年，经济合作与发展组织对其成员国进行了一次大规模调查后提出了一个贫困标准，即以一个国家或地区社会中位收入或平均收入的50%作为这个国家或地区的贫困线，这就是后来被广泛运用的国际贫困标准[4]。2001年欧盟通过了相对贫困线的官方定义，即人均可支配收入中位数的60%，这大致相当于平均收入的50%。当前，世界银行将收入低于社会平均收入1/3

[1]张琦，杨铭宇，孔梅.2020后相对贫困群体发生机制的探索与思考[J].新视野，2020（2）：26-32+73.

[2]〔印〕阿马蒂亚·森.贫困与饥荒[M].王宇，王文玉，译.商务印书馆，2001：26.

[3]〔印〕阿马蒂亚·森.以自由看待发展[M].任赜，于真，译.中国人民大学出版社，2002：89.

[4]唐钧.中国城市居民贫困线研究[M].上海社会科学院出版社，1998：67.

的社会成员视为相对贫困人口。

　　任何社会都存在一部分生活在社会最底层的人。无论是欠发达国家（或地区）还是发达国家（或地区），反贫困工作的基本理念是：按照占总人口一定的比例、将处于收入底端的低收入人口作为帮扶对象。[1] 发达国家美国确定贫困人口比例在 10%～15%，英国是 18%，新加坡将最低的 20% 住户确定为贫困人口等做法也都是相对贫困的范畴，也反映了对贫困程度的认知。[2]

　　说到贫困线，必须阐明的是：贫困线和社会救助标准，严格说来并非一回事。贫困线是一个学术性概念，是按照统计学方法计算出来的学术标准，对政府及国际组织制定贫困标准提供参考和咨询。社会救助标准或贫困标准，则是一个法律的或行政的术语，常常作为一种制度安排的形式出现，需要通过法定的政府决策程序才能正式发布，是政治决策的产物。比如我国浙江省早在 2012 年就将省扶贫标准确定为 4600 元，是当时全国扶贫标准的两倍。2015 年底，江苏省提前实现"到 2020 年贫困人口人均收入大约 4000 元"的全国扶贫目标后，按照 2020 年全省全面小康农民人均收入 20000 元的目标值，确定了 6000 元的扶贫标准。根据该标准，江苏省"相对贫困"帮扶对象覆盖全省乡村 6% 左右的低收入人口、6% 左右的经济薄弱村、苏北 6 个重点片区和黄桥茅山革命老区，涉及农村低收入人口 300 万左右[3]。此外，还有省份分段设立了高于国家标准的动态扶贫标准。如广东省将按 2012 年全省农民人均年纯收入的 33% 确定 2013—2015 年农村扶贫标准，而 2016—2020 年则以 2015 年为基期，根据当年经济社会发展情况和相对贫困人口规模确定扶贫标准。[4] 因此，贫困标准的划定不仅包含着政府对贫困的认知，也一定程度上包

[1]左停，贺莉，刘文婧.相对贫困治理理论与中国地方实践经验［J］.河海大学学报（哲学社会科学版），2019（6）：1-9.

[2]左停，贺莉，刘文婧.相对贫困治理理论与中国地方实践经验［J］.河海大学学报（哲学社会科学版），2019（6）：1-9.

[3]王晓映.五方挂钩 江苏持续 23 年摘"穷帽"[N].新华日报，2018-7-15.

[4]高强，孔祥智.论相对贫困的内涵、特点难点及应对之策[J].新疆师范大学学报（哲学社会科学版），2020（03）：120-128.

含着政府或国际组织的贫困治理能力和贫困治理水平。[1]

三、相对贫困的特征

如果说"不平等性"是相对贫困和绝对贫困的本质，是一个硬币的两面；那相对贫困的相对性、多维性、风险性和长期性特征，则是相对贫困和绝对贫困区别"正反面"的重要表现。

（一）相对性

正如上文所说，贫困具有"绝对性"，因此相对贫困的本质是不平等性。但作为绝对贫困的相对概念，相对贫困的"相对性"是其区别于前者的显著特征。相对贫困处于一个变化着的参照系之中，比较对象是处于相同社会经济环境下的其他社会成员。[2]正如汤森所说"在任何社会、任何时间都没有一个维持体能或健康水平的统一的生活必需品清单列表，需求必须与它所属的其他社会成员相联系。贫困和生存由此都是相对的概念"。[3]相对贫困是不同群体之间的比较，这种"比较"本身会在政治经济活动过程中被不断重构，进而使得相对贫困总是处于一种"相对"状态。

这种"相对状态"首先表现为时间上的相对性。不同社会发展阶段的相对贫困不具有可比性，相对贫困的判断标准需要随时间推移、随社会经济发展而不断调整。[4]究其原因，主要有两点：一是社会发展的总体趋势是上升的、前进的，当相对贫困"标准"不符合社会发展的基本判断时，相对贫困治理

---

[1]王婴，唐钧. 现代贫困研究：从绝对到相对再到多维［J］. 河海大学学报（哲学社会科学版），2020，（6）：83-89.

[2]段龙龙，李杰. 论贫益式增长与包容性增长的内涵及其政策要义［J］. 改革与战略，2012（2）：31-34.

[3]林闽钢.相对贫困的理论与政策聚焦——兼论建立我国相对贫困的治理体系[J].社会保障评论，2020（1）：85-92.

[4].叶兴庆，殷浩栋.从消除绝对贫困到缓解相对贫困：中国减贫历程与2020年后的减贫战略[J].改革，2019（12）：5-15.

就会"滞后"，甚至将相对贫困误判为"绝对贫困"；二是社会发展的状态是波浪式、螺旋式的，这意味着在一定时期内，相对贫困的程度和比例会出现波动甚至较大起伏，这直接影响相对贫困人口的多少和相对贫困治理的难度。

相对贫困的相对性还突出地表现在其空间上的相对性，这也是相对贫困治理和研究的重点内容。在一定时期内，不同地域因地理位置、发展程度、政治制度、社会状态等因素呈现出较大差别，如发达国家与发展中国家、城市与乡村、我国东中西部地区等的相对贫困状况都有极大差别。

严格来说，时间和空间上的相对性实质上是不同群体的差异性，本质上是人的相对差异。个人作为社会关系的凝结体，受到不同自然和社会因素的影响，在时空分布上就会呈现较大的差别。换言之，这种差别的存在直接导致了相对贫困"相对性"特征。

（二）多维性

人类对贫困的认识从"绝对"到"相对"贫困，贫困的意涵更为丰富和复杂，其中突出的表现就是贫困的维度逐渐多元。这种多维性体现为相对贫困既呈现为一种客观状态，也表现为一种主观体验[1]。前者是指相对贫困是对社会不同群体不平等状况的一种客观描述，能够反映社会某一群体的生存和发展状态，这种状态不以人的意志为转移，具有客观物质性。比如，我们一般将低于平均生活水平、高于维持基本生存需要的群体划定为相对贫困群体，这些群体是客观存在的。后者是指相对贫困与贫困群体的心理体验密切相关。所谓"不患寡而患不均"，当贫困群体在与其他社会成员有较大差距时，贫困群体对感受到的相对剥夺、社会排斥等不平等的感受会加剧相对贫困的心理承受程度。因此，当代社会对相对贫困的关注与社会公平、社会心态紧密联系在一起，也与人们对相对贫困的感知与其感受到的相对剥夺、社会不

---

[1]向德平，向凯.多元与发展：相对贫困的内涵及治理[J].华中科技大学学报（社会科学版），2020（2）：31–38.

公以及忍受不平等的心理预期有关。[1] 简单而言，相对贫困的在客观上反映社会分配本身的公平性和平等性，在主观上反映大众对社会公平状态的判断及可接受程度。

相对贫困的多维性还直接地表现为相对贫困分析研究方法的拓展。相对贫困使贫困研究突破了单一经济领域，拓展到政治、社会、文化等其他领域。这意味着相对贫困问题不仅仅归因于经济水平的比较和分析，也是政治制度、社会结构、区域差异、文化水平、心理状态等多种因素的综合作用，在其形式上也表现为制度与结构贫困、能力及权利贫困、文化贫困等多维贫困交织的态势。[2]

（三）风险性

贫困对社会发展的消极影响不言而喻，但相对贫困的存在则使得这种消极影响呈现出"风险性"的特征。首先，相对贫困中包含着绝对贫困的种子，相对贫困人口仍然比较脆弱，容易因市场变动、自然灾害、疾病等突发事件陷入绝对贫困。[3] 特别是对于刚刚走出绝对贫困的群体而言，这种突然的"反复"不仅降低了他们脱离贫困的信心，也使得他们对自身和社会发展产生怀疑。其次，相对贫困往往意味着"可行能力"处于较低状态，一方面人力资本供给不足或者人力资本水平较低使得经济社会发展缺乏必要的人力和智力保障；另一方面"可行能力"的缺乏会限制市场消费能力，使得社会发展的推动力不足，从而影响经济社会发展。最后，相对贫困会导致剥夺感和不平等感的放大，为社会排斥增加了社会心理的风险，既容易孕育社会不满，也容易使得社会走向分裂，严重时社会结构和政治制度都会面临巨大的解构和变革风险。需要注意的是，这些风险往往都是不可预测的，甚至是不可控、

---

[1]向德平，向凯.多元与发展：相对贫困的内涵及治理[J].华中科技大学学报（社会科学版），2020（2）：31-38.

[2]王三秀，罗丽娅.国外能力贫困理念的演进、理论逻辑及现实启示[J].长白学刊，2016（5）：120-126.

[3]陆汉文，杨永伟.从脱贫攻坚到相对贫困治理：变化与创新[J].新疆师范大学学报（哲学社会科学版），2020（5）：86-94.

难以回避的，这也大大提高了风险的严重程度。

此外，由于互联网和社会流动的作用，信息和人员在一定空间不断交叉，也使得不同社会成员的对比感强烈，大量的社会价值允斥着人们的生活，社会理念和社会行为的差异化导致难以形成较为统一和完整的社会价值，也使得相对贫困的治理风险更为隐蔽和加剧。

（四）长期性

由于相对贫困相对性、多维性和风险性的特征以及其不平等性的本质，缓解相对贫困也将是复杂而长期的任务。[1] 首先，就其本质而言，作为不平等性的重要表现，相对贫困一直普遍存在于人类社会。[2] 从历史上看，相对贫困现象是普遍存在的，甚至在未来较长的历史时期内，相对贫困仍将普遍存在于各个国家、各个民族。[3] 这个基本判断是把握相对贫困问题的基本前提。其次，就其相对性而言，由于相对贫困的程度和比例随着社会经济发展常处于变动之中，并且总是以一定比例来确定相对贫困标准，使得相对贫困人口的基数一直覆盖较多的人群。简言之，相对贫困的标准会随着社会发展水平和相对贫困治理能力逐步提高，但相对贫困人口可能在一定时间内较长久地保持在一定比例，在数量值上不会有太大的波动。再次，相对贫困的多维性和风险性都加剧了相对贫困治理难度。一是相对贫困是一种多维贫困，个体或群体在不同方面的能力和素质本身就分布隐蔽，难以量化，加之不同社会网络中的个体或者群体的多重社会身份，无论是识别还是治理都存在很大难度。二是相对贫困包含主体的主观体验，因此由于地理位置、自然资源、社会分工、经济发展不同导致的差异性就会直接转化为机会的不平等和心理的不平等感，加之难以预测的社会风险，使得相对贫困治理往往"牵一发而动全身"，

[1]向德平，向凯.多元与发展：相对贫困的内涵及治理[J].华中科技大学学报（社会科学版），2020（2）：31-38.

[2]陆汉文，杨永伟.从脱贫攻坚到相对贫困治理：变化与创新[J].新疆师范大学学报（哲学社会科学版），2020（5）：86-94.

[3]陆汉文，杨永伟.从脱贫攻坚到相对贫困治理：变化与创新[J].新疆师范大学学报（哲学社会科学版），2020（5）：86-94.

需要较多的政治经济资源和动力，而这些则需要经过长期的准备和规划乃至合适的时机。

一般来说，贫困治理的治理重点往往要经历从绝对贫困到相对贫困的转变，这既是由两者的本质和特点决定的，也是由社会经济发展水平决定的。只有在消除绝对贫困阶段认识到贫困问题的复杂性，积累了贫困治理的经验，才有相对贫困治理的"入场券"。这并不是说，绝对贫困与相对贫困现象的出现有先后之分，或者是只有消除了绝对贫困，才能展开相对贫困的治理，而是说，相对贫困治理比绝对贫困的治理更为复杂和艰巨，不仅极具系统性，而且因其相对性、多维性、风险性和长期性的特点，对相对贫困的治理需要更加长远的规划和战略布局，在治理实践中也更考验治理主体的治理能力和智慧。

消除贫困，追求幸福生活是人类孜孜以求的奋斗目标。从绝对贫困到相对贫困，不仅反映了人类社会对贫困问题的理论探讨逐渐深入，也是人类在反贫困过程中积累的实践经验的不断创新。人类在与贫困的斗争中重新审视自己，重新发现自身与社会的关系，也在反贫困的过程中一步步推动了社会的进步和发展。在这个意义上，我国脱贫攻坚战的胜利，不是反贫困的终结，而是一个新的开始。

第二节　相对贫困治理的理论基础

中国共产党如何带领人民战胜绝对贫困？在七十余年的贫困治理过程中，中国共产党又秉承何种目标和价值？后扶贫时代，党的贫困治理价值对相对贫困治理有何启示？在七十多年的贫困治理过程中，中国共产党一步步带领人民战胜和消除绝对贫困，坚持共同富裕和共享发展，坚持以人民为中心，围绕人的全面发展展开了丰富的探索，形成了中国特色社会主义贫困治理的目标和价值。不仅为后扶贫时代的相对贫困治理提供了经验和参考，也对相对贫困治理提出了必须坚持的原则和要求。

一、我国贫困治理理论的产生及演进

要对我国的贫困治理重点进行把握，还需要针对我国的具体实践进行分析。中国共产党作为我国的执政党，作为我国各项建设事业的领导核心，是最高的政治领导力量，在我国的贫困治理中发挥着举旗定向和不可替代的作用。可以说，我国的贫困治理始终是在中国共产党领导下进行的，是在马克思列宁主义理论和中国特色社会主义理论的指导下进行的。因此，当我国的贫困治理迈入新阶段，就必须回溯党的贫困治理理念，为新时期的贫困治理扫清思想和理论障碍。

（一）马克思主义贫困治理理论

社会主义和共产主义理论的产生与贫困问题密切相关，无产阶级先驱们正是在分析贫困原因和治理贫困的过程中，才为广大无产阶级劳动者探索出一条解放之路。

无产阶级和劳动人民的革命导师马克思早在《莱茵报》时期就从法律层面为贫困群众被剥削的普遍状况疾呼，先是在《1844年经济学哲学手稿》中转向对贫困问题的制度性分析，最后在《资本论》中建立起较为成熟的贫困理论。他认为，以物为依赖的私有制造成无产阶级的劳动异化，从而导致了两种贫困形态，一是劳动者失去生活资料的绝对贫困，并且这种贫困是"不可避免的、无法掩饰的、绝对不可抗拒的贫困"；[1] 二是劳动者收入受资本生产调节的相对贫困。资本主义制度是导致无产阶级贫困的根源，无产阶级的贫困是资本主义生产关系的必然结果。[2] 因此，要从根本上解决贫困问题，必须通过社会主义革命推翻资本主义制度，建立共产主义制度，并不断解放和发展生产力，在高度的物质文明的基础上，彻底解决贫困问题，最终实现共

---

[1]马克思恩格斯全集 第二卷[M]. 中共中央马克思恩格斯列宁斯大林著作编译局，译.人民出版社，1957：45.

[2]郑志龙，丁辉侠，孙远太，李婉婷.基于马克思主义的中国贫困治理制度分析[M].人民出版社，2015：60.

同富裕。只有这样无产阶级贫困的各种根源才能被铲除，并且能够防止新的制度性贫困的产生。

十月革命胜利后，列宁领导布尔什维克党和苏联人民开展的贫困治理的实践进一步丰富了马克思的贫困理论。一是全面分析了社会主义国家消除贫困具有的巨大制度优势；二是创造性地将发展生产力提升到消除贫困的首要途径的地位，"无产阶级取得国家政权以后，它最主要最根本的需要就是增加产品数量，大大提高社会生产力"；[1] 三是制定了突出重点、统筹协调的贫困治理方针：一方面重点发展重工业，统筹农业和商业发展，另一方面重点关注经济发展和人民物质生活水平的提高，又要促进社会和人的全面发展。为此，列宁加强了无产阶级政党的建设并动员广大人民群众参与到贫困治理和社会主义建设中来。"我们应当同过去诀别，着手进行真正的经济建设，改造党的全部工作，使党能够领导苏维埃的经济建设，取得实际的成就"[2] "社会主义建设就不仅仅是作为沧海一粟的共产党的事业，而是全体劳动群众的事业了"[3]。这些都为我国的贫困治理提供了宝贵的实践经验。

（二）中国特色贫困治理理论

新中国成立后，党和国家历代领导人都对贫困治理的理论和实践进行了孜孜以求的探索，在坚持马克思主义贫困治理学说的基础上，形成了符合中国贫困状况的具有中国特色的社会主义贫困治理理论。

毛泽东对中国贫困问题治理的理论和实践，开启了中国共产党探索中国特色贫困治理的宏大序幕。首先毛泽东将社会主义制度的优越性归结为是否能解放和发展生产力，"中国一切政党的政策及其实践在中国人民中所表现的作用的好坏、大小，归根结底，看它对于中国人民生产力的发展是否有帮助

[1]列宁选集 第四卷[M].中共中央马克思恩格斯列宁斯大林著作编译局，译.人民出版社，1995：623.

[2]列宁专题文集·论无产阶级政党[M]. 人民出版社，2009：352.

[3]列宁全集 第四十三卷[M].中共中央马克思恩格斯列宁斯大林著作编译局，译.人民出版社，1987：91.

及其帮助之大小，看它是束缚生产力的，还是解放生产力的"。[1]其次，毛泽东领导人民主要通过建立公有制来治理社会主义贫困，从全国性的土地改革，到社会主义三大改造，再到人民公社化运动。在大规模的贫困治理实践经验中，以毛泽东同志为主要代表的中国共产党人逐渐认识到，制度是造成贫困的重要原因，绝非意味制度就是造成贫困的全部内容。我国的贫困治理面临基础差、人口多、面积广、情况复杂等诸多问题，解决我国的贫困问题既不能简单归结于制度因素，单纯依靠生产关系变革推进生产力发展，也不能毕其功于一役，一蹴而就。在此基础上，毛泽东提出了我国消除贫困的奋斗目标——"共同富裕"。要"巩固工农联盟，我们就得领导农民走社会主义道路，使农民群众共同富裕起来，穷的要富裕，所有的农民都要富裕"。[2]这一目标明确指出中国的富裕不是贫富差别的富裕，将消灭贫富分化设定为中国贫困治理的目标之一，为后来的贫困治理奠定了基调。

邓小平的贫困治理理论和实践构建了改革开放以来我国贫困治理的基本框架。邓小平首先明确了贫困与社会主义的关系，明确提出贫穷不是社会主义，解决了长期以来的思想包袱，坚定了社会主义国家发展生产力的决心。"马克思主义最注重发展生产力。社会主义要消灭贫穷。贫穷不是社会主义，更不是共产主义。"[3]其次指出共同富裕是中国特色社会主义的本质特征。"社会主义的本质，是解放生产力，发展生产力，消灭剥削，消除两极分化，最终达到共同富裕。"[4]结合我国社会普遍贫困和贫困现象将长期存在的现实国情，邓小平先后提出了"让一部分人先富起来""让部分地区先富起来""两个大局""先富带后富"，并明确指出"目的是更快地实现共同富裕"[5]。此外，邓小平还制定了"三步走"的战略步骤，以期有步骤、分阶段实现共同富裕的贫困治理目标。

[1]毛泽东.毛泽东选集 第3卷[M].人民出版社，1991：1079.

[2]中共中央文献研究室.建国以来重要文献选编[M].中央文献出版社，1993：308.

[3]邓小平.邓小平文选 第3卷[M].人民出版社，1993：63.

[4]邓小平.邓小平文选 第3卷[M].人民出版社，1993：373.

[5]邓小平.邓小平文选 第3卷[M].人民出版社，1993：172.

江泽民将贫困治理问题上升到政治高度，拓展了贫困治理的内涵，通过政策和制度创新推动我国贫困治理和扶贫开发工作向纵深发展。他明确指出，"加强贫困地区的发展，不仅是一个重大的经济问题，而且是一个重大的政治问题"。[1]江泽民把贫困治理看作是共产党的根本宗旨，"全党同志和各级领导干部要关心扶贫，过问扶贫，把扶贫作为关心群众疾苦和密切党群关系的一件大事来抓，处处关心群众，事事依靠群众，一切为了群众，诚心诚意为群众谋福利，是我们党的根本宗旨。"[2]人民群众的利益成为扶贫工作的出发点和落脚点。以江泽民同志为主要代表的中国共产党人在前人的基础上，针对我国扶贫的新特点，先后出台若干制度和政策，实现了中国从救济式扶贫模式向开发式扶贫模式的转变。[3]

特别是《国家八七扶贫攻坚计划》的出台，使中国的贫困治理开始走上了制度化和规范化的道路。此外，江泽民对贫困治理内涵的拓展也使得我国贫困治理工作上了一个新的台阶。一是延伸共同富裕的治理目标，将贫困治理的领域从经济领域延伸至其他社会领域，他提出："共同富裕不仅是经济发展，还包括人的全面发展和社会全面进步。"[4]二是从人权保障角度对贫困的内涵进行了重构，不仅重视人民的生存权利，也重视人民的发展权利。"我们依靠自己的力量，解决了几亿贫困人口的温饱问题，使他们的生存权和发展权得到保障，为他们享受其他各项权利创造了有利条件。"

进入新世纪，中国的温饱问题基本得到解决，"我国扶贫开发已经从以解决温饱为主要任务的阶段转入巩固温饱成果、加快脱贫致富、改善生态环境、

[1]江泽民.全党全社会进一步动员起来，夺取八七扶贫攻坚决战阶段的胜利[N]，人民日报，1999-07-21.

[2]江泽民.全党全社会进一步动员起来，夺取八七扶贫攻坚决战阶段的胜利[N]，人民日报，1999-07-21.

[3]郑志龙，丁辉侠，孙远太，李婉婷.基于马克思主义的中国贫困治理制度分析[M].人民出版社，2015：95.

[4]郑志龙，丁辉侠，孙远太，李婉婷.基于马克思主义的中国贫困治理制度分析[M].人民出版社，2015：96.

提高发展能力、缩小发展差距的新阶段。"[1]贫困治理的主要任务转向"提高发展能力、缩小发展差距、共享发展成果"[2]。以胡锦涛为总书记的党中央聚焦贫困治理的动力、目的和理念，提出了和谐社会的战略构想，并在中共十六大上设定了"全面建设小康社会"的中国贫困治理新目标，要求在2020年"绝对贫困现象基本消除"。十七大报告中，胡锦涛对我国新时期的扶贫开发工作高度关注，提出了"一个加大、两个提高"，即"加大对革命老区、民族地区、边疆地区、贫困地区发展扶持力度""提高扶贫发展水平""逐步提高扶贫标准"，指明了新时期贫困开发工作新的动力、机遇和要求。在2011年首次召开的中央扶贫工作会议上，胡锦涛再一次强调要"提高扶贫标准，加大投入力度，把集中连片特殊困难地区作为主战场，把稳定解决扶贫对象温饱、尽快实现脱贫致富作为首要任务"，并对扶贫开发工作的重点提出了四个"更加注重"，即"更加注重转变经济发展方式，更加注重增强扶贫对象自我发展能力，更加注重基本公共服务均等化，更加注重解决制约发展的突出问题"，关注经济效益、社会效益和人文效益的协同共进，落实以人为本的贫困治理理念。

经过几十年的贫困治理，十八大以后，我国的贫困治理面临的是更加深层次的贫困，主要表现为在贫困的人口规模、程度和贫困分布区域上。我国已经基本告别了普遍贫困，但在深山区、石山区、高寒山区、地方病高发区和少数民族地区等地方，由于自然生存环境差，地理位置偏远、基础设施薄弱等原因呈现出更深层次的区域性贫困。简言之，十八大以后的贫困进入到啃"硬骨头"的攻坚阶段。因此，以习近平同志为核心的党中央推进扶贫工作的重要目标就是将扶贫志愿有效瞄准贫困目标人群，推动贫困治理"精准化"。"六个精准"〔扶持对象精准、项目安排精准、资金使用精准、措施到户精准、因村派人（第一书记）精准、脱贫成效精准〕将资金、政策、人员都

---

[1]车玉明.中央扶贫开发工作会议胡锦涛、温家宝发表重要讲话[EB/OL].中国经济网，http：//www.ce.cn/xwzx/gnsz/szyw/201111/29/t20111129_22877692.shtml，2021-02-12.

[2]郑志龙，丁辉侠，孙远太，李婉婷.基于马克思主义的中国贫困治理制度分析[M].人民出版社，2015.12：97.

精准对接到贫困户最需要地方，强化扶贫针对性和作用，真正做到因人因地施策、因贫困原因施策、因贫困类型施策。在实际工作中，精准扶贫也进行了重大突破，不仅制定了统一的扶贫对象识别办法，还为每个贫困村和贫困户建立贫困档案，建设国家贫困治理大数据信息网络系统，做到精准化识别、针对性扶持、动态化管理，做到"扶真贫、真扶贫"，切实解决以往贫困治理工作中所存在的底数不清、目标不准、效果不佳等问题。

梳理马克思主义和中国特色贫困治理的理论，我们不难发现，社会主义的贫困治理始终围绕人民群众展开的，从马克思、列宁等无产阶级革命先行者对贫困原因的追溯和分析，到毛泽东、邓小平同志从我国实际对贫困与社会主义关系的论述，再到江泽民、胡锦涛以及习近平同志对我国贫困治理的务实探索，人民群众的需求始终是社会主义贫困治理的核心。

同时，绝对贫困和相对贫困在中国贫困治理的过程中是相互呼应、协同推进的，并没有完全地割裂开。无论是从人权理论出发对生存权和发展权的强调，还是关注社会效益和人文效应的同频共振，中国的贫困治理实践都不仅仅推动中国六亿多人口摆脱绝对贫困，实现了"两不愁三保障"，还提前布局为缓解相对贫困提供了物质和政策准备。中国共产党所追求的"共同富裕"的目标，正通过"先富带后富"逐步成为现实，宏观上"西部大开发战略""振兴东北老工业基地计划""中部崛起战略"等区域协同发展战略正在努力消除东中西部发展的巨大鸿沟；微观上调动政府、企业、军队、社会组织、社会团体等社会积极力量参与到扶贫攻坚的工作中来，根植致贫原因，彻底改变了贫困地区的面貌，变"输血"为"造血"，为缓解相对贫困奠定了物质和精神基础。

二、相对贫困治理的价值基础

社会主义和共产主义是从与贫困和剥削的斗争中孕育的，消除贫困一直是共产主义者深入骨血的奋斗目标。中国共产党也在带领人民前赴后继地进行了七十年的反贫困斗争中始终追寻和坚守着以人民为中心、促进人的全面发展和推动国家治理的价值取向，形成了以共同富裕为根本目标和以共享发展为基本手段的基本价值。这些价值不仅是我国几十年来贫困治理的宝贵经验，也为我国相对贫困治理奠定了价值基础。

（一）共同富裕：我国贫困治理的价值标准

共同富裕的理想虽然不是共产主义者所首创，但它却是中国共产党人与生俱来、始终如一的根本奋斗目标。[1] 早在中华人民共和国成立伊始，《中共中央关于发展农业生产合作社的决议》中就提出了"共同富裕"的概念。"为进一步地提高农业生产力，党在农村中工作的最根本的任务，就是要善于用明白易懂而为农民所能够接受的道理和办法去教育和促进农民群众逐步联合组织起来……并使农民能够逐步完全摆脱贫困的状况而取得共同富裕和普遍繁荣的生活。"[2] 在决议中，"共同富裕"明确作为"摆脱贫困"的重要目标，在建国初期以通俗易懂的价值理念凝聚起了全社会的力量，并为加快提高生产力和生活质量提供了动力来源。随后，毛泽东还着重强调了"共同富裕"中"共同"二字："我们实行这么一种制度，这么一种计划，是可以一年一年走向更富更强的，一年一年可以看到更富更强些。而这个富，是共同的富，这个强，是共同的强。"[3] 自此，共同富裕成为社会主义的价值标准，为我国社会主义现代化建设事业提供了现实路径和制度优势。[4]

在"共同富裕"的路径选择上，邓小平做出了重要的理论和实践贡献。他首先将"共同富裕"作为"两极分化"的对立面来阐述了其具体内容，即"社会主义财富属于人民，社会主义的致富是全民共同致富。社会主义原则，第一是发展生产，第二是共同致富。……我们的政策是不使社会导致两极分

[1]孙业礼.共同富裕：六十年来几代领导人的探索和追寻[J].党的文献，2010（1）：80-87.

[2]中共中央文献研究室.建国以来重要文献选编[M].中央文献出版社，1993：661-662.

[3]孙业礼.共同富裕：六十年来几代领导人的探索和追寻[J].党的文献，2010（1）：80-87

[4]程恩富，刘伟.社会主义共同富裕的理论解读与实践剖析[J].马克思主义研究，2012（6）：41-47.

化"。[1] 并将社会主义制度的优越性与"共同富裕"相结合。"社会主义的目的就是要全国人民共同富裕,不是两极分化。如果我们的政策导致两极分化,我们就失败了;如果产生了什么新的资产阶级,那我们就真是走了邪路了","一个公有制占主体,一个共同富裕,这是我们所必须坚持的社会主义的根本原则",[2] 使得共同富裕的理论得到了升华。

同时,他也为避免两极分化进行了新的探索,使共同富裕的实践开辟了新的途径。[3] 邓小平认为正是由于生产力的解放和发展,正是由于私有制剥削现象的消除和两极分化的遏制,才能最终实现共同富裕。[4] "我的一贯主张是,让一部分人、一部分地区先富起来,大原则是共同富裕。一部分地区发展快一点,带动大部分地区,这是加速发展、达到共同富裕的捷径。"[5] "先富带后富"不仅针对我国当时生产力发展落后的情况趟出了一条新路,也为生产力水平提高后我国发展的总体布局提供了思路,这就是邓小平提出的"两个大局"思想,"沿海地区要加快对外开放,使这个拥有两亿人口的广大地带较快地先发展起来,从而带动内地更好地发展,这是一个事关大局的问题。内地要顾全这个大局。反过来,发展到一定的时候,又要求沿海拿出更多力量来帮助内地发展,这也是个大局。那时沿海也要服从这个大局。"[6] 邓小平对共同富裕实现路径的探索,以空间换时间,为我国经济发展提供了初始动力,也为避免两极分化进行了战略准备。

随着改革开放和社会改革的进行,东西部发展和人们生活水平的差距逐渐拉大,效率与公平的问题逐渐突出,共同富裕作为贫困治理价值标准的作用也日益凸显。1999 年,根据邓小平"两个大局"的思想,以江泽民同志为

---

[1] 邓小平.邓小平文选 第3卷[M].人民出版社,1993:172.

[2]邓小平.邓小平文选 第3卷[M].人民出版社,1993:110-111.

[3]孙业礼.共同富裕:六十年来几代领导人的探索和追寻[J].党的文献,2010(1):80-87.

[4]程恩富,刘伟.社会主义共同富裕的理论解读与实践剖析[J].马克思主义研究,2012(6):41-47.

[5]邓小平.邓小平文选 第3卷[M].人民出版社,1994:166.

[6]邓小平.邓小平文选 第3卷[M].人民出版社,1993:277-278.

主要代表的中国共产党人提出了"西部大开发"战略,[1] 将"先富带后富"的理念变为了现实。区域性布局的转变不仅是国家经济战略的重大调整,更意味着"共同富裕"切切实实发挥了价值标准作用,如果哪个区域和哪个群体还不能达到"共同富裕"的标准,贫困治理的进程就不会结束。正如习近平所说"脱贫路上一个也不能少,一个民族都不能少"。从"脱贫路上一个都不能少"到"致富路上一个都不能少","共同富裕"既发挥了价值目标的引领作用,激励人民群众投身贫困治理的实践中,更发挥了价值标准的判断作用,"一把尺子量到底",为贫困治理提供了"红线"和"底线"。

（二）共享发展：我国贫困治理的价值规范

进入 21 世纪,中国的社会主义现代化建设进入了一个新的阶段。共同富裕面向人的多方面需求和全面发展,有了更为丰富的内涵。"要始终把实现好、维护好、发展好最广大人民的根本利益作为党和国家一切工作的出发点和落脚点,尊重人民主体地位,发挥人民首创精神,保障人民各项权益,走共同富裕道路,促进人的全面发展,做到发展为了人民、发展依靠人民、发展成果由人民共享。"[2] 正如江泽民所说:"在整个改革开放和现代化建设的过程中,都要努力使工人、农民、知识分子和其他群众共同享受到经济社会发展的成果。"[3] "共享"理念成为共同富裕的基本要求和重要手段。

"共享"理念的提出首先主要侧重于对发展成果的共享,社会主义对相对贫困解决的思路也从中可见一斑。"正确处理一次分配和二次分配的关系,在经济发展的基础上普遍提高居民收入水平,逐步形成一个高收入人群和低收入人群占少数、中等收入人群占大多数的'两头小、中间大'的分配格局,使人民共享经济繁荣成果。"[4] 为实现发展成果的共享,江泽民尤其重视效率与公平的关系,他提出"兼顾效率与公平,运用包括市场在内的各种调节手

[1]孙业礼.共同富裕:六十年来几代领导人的探索和追寻[J].党的文献,2010(1):80-87.

[2]中共中央文献研究室.十七大以来重要文献选编(上)[M].中央文献出版社,2009:12.

[3]江泽民.江泽民文选 第2卷[M].人民出版社,2006:262.

[4]江泽民.论社会主义市场经济[M].中央文献出版社,2006:583.

段，既鼓励先进，促进效率，合理拉开收入差距，又防止两极分化，逐步实现共同富裕"。[1]这个基本方针，避免了因分配方式和竞争机制导致的市场和社会失灵，在保证劳动活力的同时维持了社会的有序、良性运行。

中共十六届五中全会提出了建设社会主义新农村的重大历史任务，在"多予、少取、放活"的方针政策指引下，指导"三农"工作的中央一号文件等一系列"高含金量"的政策措施陆续出台，财政支农力度进一步加大。一方面，建立起农村最低生活保障制度，试行和推广新型农村合作医疗制度，启动全国农林水利气象和扶贫、改造农村公路、完善农村电力设施、农产品市场等基础工程，不仅极大地改善了农民的生活条件，也切实提高了农民的生活质量，让农民享受到改革开放和发展的红利。另一方面，引导更多区域和范围的人民参与到发展的过程中，"要继续实施区域发展总体战略，深入推进西部大开发，全面振兴东北地区等老工业基地，大力促进中部地区崛起，积极支持东部地区率先发展"。[2]缩小区域发展差距，优化国土开发格局，引导生产要素跨区域合理流动。将落后地区和人群的发展纳入到国家发展布局中，不仅激发了这些群体的内在潜力，也使其对中国特色社会主义发展道路有了更强的参与感和认同。

共享理念实质就是坚持以人民为中心的发展思想，不仅更加凸显共同富裕目标中人的价值，也将人民的主体性体现到发展的目的、过程和结果的全过程，进一步丰富了我国的贫困治理目标和手段，是我国贫困治理的基本价值规范。党的十八届五中全会提出的共享发展理念，其内涵主要包括全民共享、全面共享、共建共享和渐进共享四个方面。

就共享的覆盖面而言，共享发展是人人享有、各得其所，不是少数人共享，一部分人共享。既要覆盖的人口全面，惠及全体人民，也要覆盖的区域全面，城乡区域共同发展，努力缩小城乡区域发展差距。[3]必须明确的是，缩小城乡区域发展差距，不仅仅是缩小国内生产总值总量和增长速度的差距，

[1]江泽民.江泽民文选 第1卷[M].人民出版社，2006：227.
[2]孙业礼.共同富裕：六十年来几代领导人的探索和追寻[J].党的文献，2010（1）：80-87.
[3]习近平.习近平谈治国理政.第二卷[M].外文出版社，2017：81.

而更是缩小居民收入水平，基础设施通达水平，基本公共服务均等化水平，人民生活水平等方面的差距。[1] 这与共享的内容也是紧密结合的。

就共享的内容而言，共享发展就要共享国家经济、政治、文化、社会、生态各方面建设成果，保证人民平等参与、平等发展权利，全面保障人民在各方面的合法权益。如脱贫攻坚的"两不愁、三保障"的内容就涉及衣、食、住、学、医等多个方面。以实现好、维护好、发展好最广大人民根本利益为出发点，使发展成果更多更公平惠及全体人民，通过学有所教、劳有所得、病有所医、老有所养、住有所居使人民有获得感、幸福感和安全感，在经济社会不断发展的基础上，朝着共同富裕的方向稳步前进，[2] 实现物质和精神的双重富足。

就共享的实现途径而言，共建才能共享，共建的过程也是共享的过程，要人人参与、人人尽力。提高就业质量和人民收入水平是共建共享的主要内容。前者主要坚持就业优先战略和积极就业政策，大规模开展职业技能培训，注重解决结构性就业矛盾，鼓励创业带动就业，提供全方位公共就业服务，使人人都有通过辛勤劳动实现自身发展的机会，实现更高质量和更充分就业。后者注重调整收入分配格局，完善以税收、社会保障、转移支付等为主要手段的再分配调节机制，坚持在经济增长的同时实现居民收入同步增长，在劳动生产率提高的同时，实现劳动报酬同步提高，拓宽居民劳动收入和财产性收入渠道，履行好政府再分配调节职能，加快推进基本公共服务均等化，缩小收入分配差距。[3] 目前，我国已经形成了世界上人口最多的中等收入群体。[4]

就共享发展的推进进程而言，共享发展必将有一个从低级到高级，从不均衡到均衡的过程，即使达到很高的水平也会有差别。我们要立足国情，立足经济社会发展水平来思考设计共享政策。[5] 就 2020 年前脱贫攻坚的目标而

[1]习近平.习近平谈治国理政.第二卷[M].外文出版社，2017：81.

[2]习近平.习近平谈治国理政.第一卷[M].外文出版社，2018：41.

[3]习近平.习近平谈治国理政.第三卷[M].外文出版社，2020：36.

[4]习近平.习近平谈治国理政.第三卷[M].外文出版社，2020：233.

[5]习近平.习近平谈治国理政.第二卷[M].外文出版社，2017：215.

言，是要使贫困地区的群众实现"两不愁、三保障"，使这些地区基本公共服务主要领域指标接近全国平均水平。[1] 就全面建成小康社会后十五年而言，即从 2020 年到 2035 年，其目标是"人民生活更为宽裕，中等收入群体比例明显提高，城乡区域发展差距和居民生活水平差距显著缩小，基本公共服务均等化基本实现。全体人民共同富裕迈出坚定步伐，现代社会治理格局基本形成，社会充满活力又和谐有序，生态环境根本好转，美丽中国目标基本实现"。[2] 两个目标前后递进，相互衔接，体现了我国贫困治理阶段性任务要求。

（三）我国贫困治理的价值取向

共同富裕和共享发展是我国贫困治理的主要目标，两者既有衔接深入，也有重合拓展，本质上都代表了中国共产党的人民立场。此外，从共同富裕到共享发展，中国共产党人的贫困治理目标也始终保持着对相对贫困治理的密切关注。简言之，中国的贫困治理目标不仅是消除绝对贫困，而且还包含预防化解相对贫困的重要导向。

首先，我国的贫困治理是以人民为中心的治理。中国共产党对贫困的认识不仅仅限于经济学的分析，而是从人民的需求出发，始终把回应人民需求，解决人民的迫切问题作为贫困治理的首要出发点。我国反贫困的进程不是纸上谈兵，也不是凭空捏造，而是人民群众的现实需要和社会主义实践的必然选择。人民群众的需求随着社会经济的发展逐渐从生存性需求转向发展性需求，从单一物质性需求转向物质和精神双重需求，正是在"需求导向"的贫困治理理念下，我国贫困治理的目标和方式也随之从绝对贫困的消除转向绝对贫困与相对贫困的双重治理。截至 2014 年底，我国仍有 7000 多万农村贫困人口，这些贫困人口虽能够勉强生存，但仅仅处于温饱线上，就业、教育等发展性问题仍然困扰着他们。在此背景下，"两不愁、三保障"标准的落实让贫困人口有吃有穿，让贫困家庭义务教育阶段的孩子不失学、辍学；让所有贫困人口都参加医疗保险制度，常见病、慢性病有地方看、看得起，得了

---

[1]习近平.习近平谈治国理政.第二卷[M].外文出版社，2017：87.

[2]习近平.习近平谈治国理政.第三卷[M].外文出版社，2020：22.

大病、重病后基本生活过得去。简言之，我国的贫困治理是回应人民需求的治理过程，也正是在这种价值的引导下，我国的相对贫困治理应运而生。

其次，我国贫困治理的目标是促进人的全面发展。按照马克思、恩格斯的构想，共产主义社会将彻底消除阶级之间、城乡之间、脑力劳动和体力劳动之间的对立和差别，实行各尽所能、按需分配，真正实现社会共享、实现每个人自由而全面的发展。[1] 党的十九大报告提出："着力解决好发展不平衡不充分问题，大力提升发展质量和效益，更好满足人民在经济、政治、文化、社会、生态等方面日益增长的需要，更好推动人的全面发展、社会全面进步。"正如《共产党宣言》中所说，"每个人的自由发展是一切人的自由发展的条件"，只有人全面而自由的发展，社会才能摆脱贫困、实现自由发展。中国政府一再强调激发贫困地区和贫困人口的内生动力和潜力，就是要在以人为本的基础上，开发贫困群体和贫困地区的发展能力，只有他们能够依据自身情况制定适合自己的脱贫方式，才能拥有摆脱贫困的能力，才能使贫困的本质得到改变。这也是相对贫困治理的必由之路。

促进人的全面发展不仅与中国共产党的社会主义价值密切相关，也是我国作为人口大国的现实取向。经过 70 多年的反贫困斗争，我们逐渐意识到对于中国这样一个幅员辽阔、人口众多、贫困原因复杂的发展中国家而言，国家一味地通过经济补偿的方式摆脱贫困，是不现实的，也是收效甚微的。此外，古语云"不患寡而患不均"，如果说建国初期物质的不丰富使我国面临绝对贫困的治理难题尚可用经济救助加以缓解，那么改革开放后逐渐拉大的贫富差距问题则是难以用单一经济方式来解决的。因此，依靠人民并激发人民群众自身的创造活力，是影响我国贫困治理有效性、持久性的重要因素。这就意味着单纯的经济助贫要转向"项目式"扶贫，综合全面地提高人民的发展能力：在基础设施建设过程中吸纳劳动力，增加其劳动技能；在教育、医疗等公共服务领域拓展子代发展机会，增加技能学习的比例；东部发达地区将发展经验传授给落后地区；国有企业和民企共同助力贫困地区产业发展。

---

[1]中共中央宣传部.习近平新时代中国特色社会主义思想三十讲[M].学习出版社，2018：90.

变"输血"为"造血"，变"他助"为"自助"，是中国贫困治理的重要特色。

再次，我国的贫困治理是国家治理的重要组成部分。一是贫困治理关系到中国梦的实现。解决不好贫困问题就难以实现中华民族伟大复兴的中国梦。贫困问题不仅是生存与发展的现实问题，也是公平与正义的道德问题，事关一个国家的发展诉求和价值取向。中国梦是全体中华儿女的梦，意味着在贫困问题上每一个民族、每一个群体都不能掉队。2020年区域性整体贫困基本消除以后，城乡低收入群体、贫困边缘群体、残障孤寡人士等依然值得我们重视。只有保障社会底层群体有尊严地生活，我国才能实现国家富强、民族复兴和人民幸福。二是贫困治理是中华儿女的共同诉求。对于发达地区来说，需要有生态屏障、人力储备、消费群体等，对于欠发达地区而言则需要有资金支持、技术创新和经验传授，两者在这些方面的互补性交流是区域协调发展布局的基本动力，也是我国贫困治理取得双赢局面的重要原因。这也是邓小平同志所强调的"两个大局"。

在城乡关系上依旧如此，城市作为区域发展的心脏，带动周边乡村发展，农村则为城市拓展和需求提供保障。在2020年新冠疫情中，广大的农村地区为城市提供了充足的空间和时间保障。因此，看待贫困问题乃至相对贫困问题不能将其理解为发展的"包袱"，而是发展的"蓄水池"。在发展前期，少量的贫困现象和贫困问题的"牺牲"成就了发达地区和城市的迅速崛起；在发展的后期，着重解决贫困乃至相对贫困问题不仅是解决历史的"欠账"，也是创新发展思路，重塑发展形态的重要方面。只有将贫困治理问题纳入国家治理的整体考量中，贫困问题才能得到有效缓解，也只有解决好贫困治理问题，国家治理的能力才会有真正的提升。

因此，无论是从我国贫困治理理论的产生发展来看，还是从我国相对贫困治理的价值基础来看，从解决绝对贫困推进到缓解相对贫困，都应是我国下一阶段进行贫困治理的应有之义。这不仅是解决贫困问题的必由之路，也符合中国共产党以及社会主义国家的价值理念。

三、后扶贫时代对相对贫困治理的要求

解决相对贫困问题，是我国贫困治理进入后扶贫时代的主题。党的十九届四中全会提出"坚决打赢脱贫攻坚战，建立解决相对贫困的长效机制"。这是党的十八大以来中央全会首次提及"相对贫困"。后扶贫时代，贫困治理既要延续中国共产党共同富裕和共享发展的目标导向，又要结合新时期相对贫困的特点针对性地提出合理举措。因此，必须首先明确后扶贫时代我国相对贫困治理的党建和实践要求，将理论与实践紧密结合起来，以应对相对贫困治理新的挑战。

（一）相对贫困治理的党建要求

1. 维护党领导一切的政治体制

中国共产党的领导是中国特色社会主义最本质的特征。[1]从历史的角度看，全国各族人民反贫困的斗争是在共产党领导下进行的，中国共产党对我国的贫困现状和形势形成了较为完整的认识，并在实践中形成了反贫困的有效经验。中国共产党前赴后继、久久为功地带领人民投身到我国的贫困治理工作中，不仅凝聚起了强大的人民力量，激发了人民的活力和信心，也使得中国共产党的贫困治理能力不断提升。

在全球仍有 7 亿左右极端贫困人口，许多国家贫富分化加剧的背景下，我国如期打赢脱贫攻坚战，提前 10 年实现《联合国 2030 年可持续发展议程》相关减贫目标，彰显了中国共产党领导和社会主义制度的显著优势。2012 年至 2020 年的八年脱贫攻坚完成了近 1 亿人（2012 年底：9899 万人）的减贫任务，年均脱贫人数 1237 万人，是 1994 年至 2000 年"八七扶贫攻坚计划"实施期间年均脱贫人数 639 万人的 1.94 倍，是 2001 至 2010 年第一个 10 年扶贫纲要实施期间年均脱贫人数 673 万的 1.83 倍。脱贫攻坚战的胜利创造了我国减贫史上的最好成绩，也谱写了人类反贫困历史的新篇章。

---

[1]习近平.习近平谈治国理政.第二卷[M].外文出版社，2017：18.

中国共产党还带领人民探索建立了中国特色脱贫攻坚制度体系，包括责任体系、工作体系、政策体系、投入体系、帮扶体系、社会动员体系、监督体系和考核评估体系，为脱贫攻坚提供了有力制度保障。此外，我国探索创造的精准扶贫和开发式扶贫的理论与实践也为全球减贫事业贡献了中国智慧和中国方案。

从现实的角度看，我国是多民族的统一国家，任何全局性问题的解决都有赖于坚强的领导核心和科学的顶层设计，只有中国共产党才能起到纵览全局、协调各方的作用。党的全面领导是我国贫困治理的政治保证，从中央到地方逐级签订责任书，省市县乡村五级书记一起抓，同时发挥党的凝聚作用，发挥制度优势，动员各方力量，凝聚攻坚合力：中西部地区落实主体责任，东部地区落实帮扶责任，主管部门落实行业责任，各级党政机关、国有企事业单位、军队和武警部队落实定点扶贫责任，民营企业、社会组织、公民个人履行社会责任。正是依靠党中央的坚强有效领导和党组织的广泛深入，才使得全国上下一盘棋，共同赢得了脱贫攻坚的伟大胜利。

相比绝对贫困，相对贫困具有相对性、多维性、风险性和长期性的特征，对相对贫困的治理更为复杂和精细，这必须有赖于广泛分布、实施有效的党组织结构和决断科学、统领全局的党中央集体。因此，坚持和加强党的领导，是后扶贫时代我国相对贫困治理的首要要求。

2. 坚持人民为中心的治理价值

纵观中国共产党的贫困治理历程、目标和价值，以人民为中心始终是我国贫困治理的核心内容，也是我国不断取得反贫困胜利的重要原因。后扶贫时代加强和完善相对贫困治理，必须继续围绕以人民为中心的贫困治理理念展开。

在贫困治理的目标上，坚持一切为了人民，从最广大人民的根本利益出发，回应和解决相对贫困群体现实和多维的需求，从实际出发，努力提高就业、养老、教育、医疗、环境保护等公共服务水平和治理，集中力量做好普惠性、基础性、兜底性民生建设，不断提高公共服务攻坚能力和共享水平，织密扎牢托底的民生保障网，不断打通民生保障和经济发展相得益彰的路子，使人民获得感、幸福感、安全感更加充实、更有保障、更可持续。

在贫困治理的动力上，坚持一切依靠人民，将扶贫同扶志、扶智相结合，激发贫困群众积极性和主动性，使脱贫具有可持续的内生动力。正确处理外部帮扶和贫困群众自身努力关系，培育贫困群众依靠自力更生实现脱贫致富意识，培养贫困群众发展生产和务工经商技能，组织、引导、支持贫困群众用自己辛勤劳动实现脱贫致富，提升自我发展能力，发挥人民群众内生动力对脱贫攻坚的支撑作用。

在贫困治理的政策上，给予扶贫主体和贫困群众一定的空间。扶贫政策覆盖范围广，可选择性大，不搞一刀切，不同地区的贫困人口都可以选择适合自己的脱贫方式，如产业扶贫、就业扶贫、易地扶贫搬迁、生态扶贫、教育扶贫、健康扶贫、交通扶贫、水利扶贫、电力扶贫、网络扶贫、光伏扶贫等。按照因地制宜、因村因户因人分类施策要求，把精准扶贫举措落到实处。在内外动力、双向驱动和政策空间的鼓励下，贫困群众的脱贫潜力被充分激发，真正实现了人人参与、人人享有、人人有获得感。

（二）我国相对贫困治理的实践要求

2020 年脱贫攻坚的完成意味着我国进入后扶贫时代，我国的贫困治理也转向以相对贫困为重点的治理探索。绝对贫困治理过渡到相对贫困治理，治理的要求也将随之发生变化，就过渡阶段的衔接而言，大体可以用"承前启后"来布局实施。"承前"就是要在开发式扶贫和精准扶贫成果的基础上进行巩固拓展，保证现有脱贫成果的有效性，做到真脱贫，夯实脱贫攻坚的胜利成果；同时还要适当"启后"，适应我国新的贫困状况，探索并建立出新的贫困治理模式，为相对贫困问题的解决提供参考。

1. 增强脱贫效果的可持续性

消除贫困，走向富裕，是社会主义社会发展的必然要求和必经过程。正如社会发展的各个阶段不可割裂一样，消除贫困事业也是前后联系的。绝对贫困与相对贫困的治理不是完全意义上的断裂，而是相互重叠、有机衔接的，如在使用相对贫困标准识别后，农村贫困人口仍将涵盖许多脱离绝对贫困的人，这就意味着对相对贫困治理的首要要求就是保证绝对贫困治理的有效性，发挥好绝对贫困治理成果对相对贫困治理的"基础性作用"。在解决相对贫困问题的过程中，需要在延续当前脱贫政策的基础上，做好规划衔接，保证平稳过渡，"要坚决守住脱贫攻坚成果，做好巩固拓展脱贫攻坚成果同乡村振兴有效衔接，工作不留空当，政策不留空白"。

一是建立防止返贫的监测和帮扶机制。将留守儿童、老人、大龄单身青年、返乡创业人员、易地搬迁人员纳入动态监测群体，将疾病、家庭突发事故、婚恋状况、再就业状况、不可抗力因素等纳入动态监测指标，将农村产业培育过程中市场风险、农村创业群体融资情况等纳入风险监测体系，提高对返贫风险的精准预见性，提前采取针对性帮扶措施，防止返贫和产生新的贫困，确保不出现系统性返贫风险。二是建立信息沟通反馈渠道和阻断返贫预案、救助预案等机制，加强对返贫人口的反应和处理机制，保证各项制度衔接设置合理、程序严密。只有现有脱贫攻坚的各项制度运转协调、执行顺畅、监督有力，才能全力巩固脱贫成果。

同时，我国的绝对贫困治理过程中也融合了某些相对贫困治理的因素。习近平总书记在 2017 年初就指出："要因地制宜探索精准脱贫的有效路子，多给贫困群众培育可持续发展的产业，多给贫困群众培育可持续脱贫的机制，多给贫困群众培育可持续致富的动力。"这不仅指明了精准脱贫的有效路径，也体现了我国贫困治理的"可持续性"思路。

可持续脱贫是指贫困人口持续稳定地脱离贫困生活状态的一个过程[1]。贫困户脱贫后，返贫诱因仍较多，根据凌经球的描述，我国的相对贫困人口主要包括：需要"兜底保障"的贫困人口、遭遇风险冲击返贫的贫困人口、易地移民搬迁安置人口、地区发展不平衡导致的贫困人口、因进城务工而稳定融入城市的低收入者等。可持续脱贫是一个包含了多维度、多要素的贫困

[1]凌经球.乡村振兴战略背景下中国贫困治理战略转型探析[J].中央民族大学学报（哲学社会科学版），2019，46（3）：5-14.

治理概念，[1] 这些贫困人口致贫原因各有不同，但均具有自身发展能力弱、抵御风险的水平低的特点。因此，增强脱贫效果的可持续性不仅是需要持续地增加收入，最根本的就是要提高处于贫困边缘的贫困人口的自身发展能力，增强他们抵御自然风险、社会风险、突发风险的能力。

目前，开发式扶贫也面临形式主义和扶贫效果不持续的巨大挑战，绝对贫困消除后扶贫资金建设的基础设施还需要后续管护和提升改造，一些产业扶贫基础不牢固的地区仍需进一步巩固。习近平总书记强调"要把防止返贫摆在重要位置"。脱贫攻坚目标任务完成后，对摆脱贫困的县，从脱贫之日起设立 5 年过渡期，过渡期内要保持主要帮扶政策总体稳定。按照脱贫攻坚与乡村振兴有效衔接的思路，需要按照保留、延期、调整、取消等分类处理原则，对现行政策进行延续、转型或退出。如"开发式扶贫"政策的实施具有可持续性的特点，开发性生产建设不仅能够开发利用贫困地区的自然和人文资源，也能通过技术支持、人员培训逐步培育形成贫困地区和贫困户的自我积累和发展能力。因此，增强脱贫效果的可持续性，必须要消除开发式扶贫过程中的弊病，对开发式扶贫过程的各项工作逐项分类优化调整，合理把握调整节奏、力度、时限，逐步实现由集中资源支持脱贫攻坚向全面推进乡村振兴平稳过渡，最大程度地发挥产业振兴的带动作用。

2. 创新相对贫困治理模式

习近平总书记指出："2020 年全面建成小康社会之后，我们将消除绝对贫困，但相对贫困仍将长期存在。到那时，针对绝对贫困的脱贫攻坚举措要逐步调整为针对相对贫困的日常性帮扶措施，并纳入乡村振兴战略架构下统筹安排。"总体思路是要推动相对贫困治理向常态化、制度化的方向发展。往常我国的贫困治理往往有较强的行政色彩，通过国家强制力和社会氛围的引导"运动式"推行，是消除绝对贫困迫切性和国家发展阶段的适应性策略。经过七十多年的经济发展，我国不仅积累了丰富的贫困治理经验，形成了相对完整的贫困治理模式，而且贫困状况也得到有效缓解。在相对贫困治理阶

---

[1]凌经球.乡村振兴战略背景下中国贫困治理战略转型探析[J].中央民族大学学报（哲学社会科学版），2019，46（3）：5-14.

段，最重要的课题就是"变特殊为一般"，总结贫困治理的常规经验，并结合相对贫困长期性的特点形成全局性、常态化的治理结构和治理体系。

在我国，相对贫困治理的重要内容是缩小城乡差距，统筹城乡治理。城乡二元结构是我国社会发展的重要特点，随着精准扶贫和乡村振兴的逐步推进，农村的环境面貌、农民的生活水平都有了很大改善，许多农村凭借集体经济等方式发展成了"致富村"，与城市居民的收入和生活差距逐步缩小。但是，绝大部分农村地区还处于较低水平的生活状态，农村、农业和农民的发展潜力并未被完全认识和激发，城乡差距乃至城乡隔阂仍然存在。这突出地表现为户籍制度影响下人口流动的不便性以及城乡政策的不一致性。以往的城乡政策往往依据城乡居民生活成本的区别划分社会保障和贫困救助标准，但市场经济的发展使得农村人口面临较低的农业收入和较高消费水平的矛盾，现有的社会保障和贫困救助体系显然不能满足农民对自身发展的需求。

同时，城乡隔阂主要源于对农民的身份认同，"农民"之前被认为带有"老土""落后"的贬义色彩，农民进城的融入困难和身份认同的精神困乏也成为农民相对贫困的重要原因。因此，以农村贫困人口为对象以及以开发式扶贫为主要手段的农村专项扶贫开发体制应逐步调整为以发展支持和社会福利为核心的国家社会保护工作的一部分。[1] 建立健全可持续的"低保兜底"制度体系，完善社会保障制度，将贫困治理与居民最低生活保障一体化管理，不断强化社会保障的"兜底"功能。此外还要加强对城市流动人口的关注，增强其对城市生活的归属感和认同感，预防避免"精神贫困"群体的大范围存在。

常规化贫困治理体制的建立主要有两个方面的内容，一是制度化的贫困治理体系；二是常态化的贫困治理人员。前者是贫困治理的基本结构和框架，是贫困治理目标设定、政策实施、监督反馈的必要内容，没有设置合理、分工明确、执行有效的贫困治理体系，就难以将贫困治理的局部经验推广以及定型，贫困治理也就无法构建有效模式。建议国家适时制定反贫困法律或条

---

[1] 檀学文.走向共同富裕的解决相对贫困思路研究[J].中国农村经济，2020（6）：21-36.

例，重点是要规定国家、政府部门与相对贫困人口的权利与义务、资格条件等，使相关扶持措施有法可依。[1] 开发式扶贫中针对经营主体的政策可转向促进乡村振兴政策，在普惠性政策机制基础上为建档立卡等困难家庭提供特惠性激励和支持政策；区域性政策可以整体性转化和纳入相对贫困地区的发展政策。[2] 后者是贫困治理的血肉和灵魂，是贫困治理有效的人才保障，不仅要培养具有贫困治理能力的党政干部，更要增强基层社会能力。社会网络是社会平稳有效运行的关键，对相对贫困的发现和干预都有赖于完备的基层社会结构。同时贫困治理能力较强的社会基层组织不仅能够在经济方面解决本区域的相对贫困问题，缓解国家和社会的相对贫困治理压力，还能够在精神层面排解相对贫困带来的社会排斥和精神压力，可以说是相对贫困治理的有效手段。

在贫困治理和反贫困的过程中，中国共产党带领人民积累了丰富的经验，取得了举世瞩目的成就，不仅提高了贫困人口的收入水平，改善了他们的生活条件，更使得党的执政能力和国家的治理水平有了质的飞跃。这既是对党执政理念和贫困治理目标价值的最好验证，也是开展相对贫困治理的坚实基础。"革命尚未成功，同志仍须努力"。面对相对贫困治理的新问题，只有坚持党的领导的政治方向和以人民为中心的价值取向，在贫困治理的持续性上下足功夫，建立起常规化贫困治理体制，才能真正实现相对贫困治理模式的创新。

第三节　党建引领下新晋商参与相对贫困治理的路径

表里山河，三晋故里，山西作为全国扶贫开发的重点省份，贫困人口多，贫困面积大，贫困程度深，曾面临巨大的贫困治理难题。2014 年，山西农村

---

[1]檀学文.走向共同富裕的解决相对贫困思路研究[J].中国农村经济，2020（6）：21-36.
[2]檀学文.走向共同富裕的解决相对贫困思路研究[J].中国农村经济，2020（6）：21-36.

贫困人口 329 万，贫困发生率达 13.6%。[1] 在脱贫攻坚和精准扶贫的过程中，新晋商积极响应参与其中，2516 家民营企业投资 39.4 亿元、帮扶 6222 个村，为山西省脱贫攻坚成果的取得做出了不可磨灭的贡献。截至 2020 年 2 月底，山西省 58 个贫困县全部摘帽，贫困发生率降低至 0.1% 以下。此外，新晋商在参与贫困治理的过程中还与党和政府建立了"亲清"政商关系，成为山西政治生态治理和贫困治理的重要力量。从传统晋商到新晋商，晋商都秉持家国情怀和信义担当，是"诚实守信、开拓进取、和衷共济、务实经营、经世济民"的真实写照。进入后扶贫时代，新晋商在脱贫攻坚中的扶贫经验是否可以延续，又将面临怎样的机遇和挑战，将是新晋商在参与相对贫困治理过程中面临的新问题。

一、新晋商参与相对贫困治理的基础

绝对贫困治理是相对贫困治理的基础和阶段性目标，绝对贫困治理成果扎实巩固，相对贫困的治理短板将会被有效地补足。与我国的贫困治理逻辑相一致，新晋商参与贫困治理也未将绝对贫困与相对贫困完全割裂，而是结合山西贫困现状和企业优势在集中消除绝对贫困的基础上，有意识地提高贫困地区和贫困人口自我"造血"能力，在相对贫困治理方面也进行了有益探索。总体来说，新晋商参与的脱贫攻坚阶段为相对贫困治理奠定了以下基础：

（一）较为稳定的政策基础

党的十八大以来，习近平多次重申坚持基本经济制度，坚持"两个毫不动摇"，为民营企业的发展注入了"强心剂"。党的十八届三中全会提出：公有制经济和非公有制经济都是社会主义市场经济的重要组成部分，都是我国经济社会发展的重要基础；公有制经济财产权不可侵犯，非公有制经济财产权同样不可侵犯；国家保护各种所有制经济产权和合法利益，坚持权利平等、

---

[1]新华社.山西64.9万贫困人口实现脱贫[EB/OL].山西省人民政府网，http：//www.shanxi.gov.cn/yw/sxyw/201901/t20190124_515223.shtml.2021-02-24.

机会平等、规则平等，废除对非公有制经济各种形式的不合理规定，消除各种隐性壁垒，激发非公有制经济活力和创造力。进一步明确了党和政府支持民营企业发展的决心。党的十八届四中全会提出"健全以公平为核心原则的产权保护制度，加强对各种所有制经济组织和自然人财产权的保护，清理有违公平的法律法规条款"，为民营企业发展提供了制度和法律保障。党的十八届五中全会强调"鼓励民营企业依法进入更多领域，引入非国有资本参与国有企业改革，更好激发非公有制经济活力和创造力"。党的十九大把"两个毫不动摇"写入新时代坚持和发展中国特色社会主义的基本方略，作为党和国家一项大政方针进一步确定下来。[1]

2018 年 11 月 1 日，习近平在民营企业座谈会上指出"民营经济是我国经济制度的内在要素，民营企业和民营企业家是我们自己人。民营经济是社会主义市场经济发展的重要成果，是推动社会主义市场经济发展的重要力量，是推进供给侧结构性改革、推动高质量发展、建设现代化经济体系的重要主体"[2]，发出了新时代大力支持民营经济发展壮大的最强音。

作为国家资源型经济转型综合配套改革试验区，山西省民营经济政策也紧锣密鼓地出台了。2018 年 11 月 15 日召开支持民营经济发展座谈会，22 日省委常委会审议通过了《关于支持民营经济发展的若干意见》。11 月 26 日，召开了支持民营企业发展大会，包括民营企业家在内的近千人参加。会上宣介了"若干意见"，公布了省领导联系民营企业的制度和名单，表彰了 100 名山西省优秀中国特色社会主义事业建设者。当天下午，举行了省属国企首批面向民营企业的混改项目推介会和晋商民营联合投资公司揭牌仪式。这一系列行动，充分表明了山西持续支持民营经济发展的坚定态度，在民营企业家

---

[1]习近平.在民营企业座谈会上的讲话[EB/OL].新华网，http://www.xinhuanet.com/politics/2018-11/01/c_1123649488.htm.2018-11-01.

[2]习近平.在民营企业座谈会上的讲话[EB/OL].新华网，http://www.xinhuanet.com/politics/2018-11/01/c_1123649488.htm.2018-11-01.

中引发热烈反响，全省上下形成支持民营经济发展的热潮和良好氛围。[1]

　　按照习近平总书记提出的"抓好6个方面政策举措落实"的要求，在省委、省政府出台"30条意见"的基础上，山西省惠企政策"井喷式"出台，推动政策落细落地落实：从减费降税上，出台了《全省税务系统全面支持民营企业发展若干措施》；从净化法治环境上，出台了《全省政法机关支持服务保障民营企业发展的指导意见》《全省检察机关支持和服务企业家创新创业营造良好法治环境的意见》《山西省高级人民法院支持服务保障民营企业发展的若干举措》《山西省公安厅支持服务保障民营企业发展的若干举措》；从扶持中小微企业发展上，出台了《关于进一步深化小微企业金融服务缓解融资难融资贵的意见》；从亲清政商关系上，出台了亲清政商关系正负面清单；从优化发展环境上，由省发展改革委、省工信厅等32家省直单位组成联席会议，统筹协调外来投资企业投诉服务工作，设立"96301"山西省投资服务热线，向外来投资机构和个人提供"7×24"小时在线中英双语服务，实现政策咨询、项目对接、投诉受理的省、市、开发区全覆盖，为企业提供便捷高效的"一站式投资咨询服务"；在加强商会改革上，出台了《山西省促进工商联所属商会改革和发展的实施方案》；在加强商会党建工作上，出台了《关于加强和改进工商联所属商会党的建设工作的实施意见（试行）》。开展"千户民企"大调研，摸清了民企发展底数，举办惠企政策宣讲会上百场次，主动对接、靠前服务，有效破解民营企业的痛点、难点、堵点问题，持续促进民营企业高质量发展。[2] 可以说，在政治生态由"乱"转"治"、发展由"疲"转"兴"的转型新局中，山西在法治、政务、市场和社会等方面已经营造了良好的发展环境，为新晋商的发展提供了稳定的政策基础。

---

[1]以更有力的行动推动民营经济健康发展——专访山西省委书记骆惠宁.[EB/OL].中共山西省委统一战线工作部官网.http://www.sxstzb.gov.cn/zthd/zcmyqysxzxd/yw/201711/t20171128_144929.html.2018-11-28.

[2]晋联通.谱写新时代山西民营经济发展新篇章[EB/OL].中共山西省委统一战线工作部官网，http://www.sxstzb.gov.cn/zthd/zcmyqysxzxd/yw/201911/t20191105_155966.html.2019-11-05

（二）较为成熟的产业基础

资源型地区经济转型发展，是山西产业发展的典型特征。随着煤炭供给侧结构性改革的提出，山西省坚持去产能与发展先进产能相结合、与促进产业结构调整相结合、与行业转型优化升级相结合，"减、优、绿"成为晋煤改革转型一以贯之的关键词。数据显示，"十三五"期间，山西省煤矿数量由1078座减少到900座以下，累计化解煤炭过剩产能15685万吨／年，全省煤炭年总产能由14.6亿吨减少到13.5亿吨，同时改革机制体制，提升煤炭行业集中度，由"七煤并立"变为"两煤争艳"。[1]山西还加大了绿色开采、智能开采技术的力度：山西智慧矿山通过5G应用，实现了煤矿智慧化管理，解决了煤炭行业的诸多痛点问题。

围绕国家资源型经济转型综合配套改革试验区建设，山西在新基建、新技术、新材料、新装备、新产品、新业态方面不断取得突破。围绕全省14个战略性新兴产业，综改示范区打造了"2+9"战略性新兴产业体系。"2"是指合成生物、电子信息产业两个千亿级新兴产业集群；"9"是指高端装备产业、光电产业、新材料产业、新能源与节能环保产业、智能网联新能源汽车产业、通用航空产业、现代服务产业、现代生物医药与大健康产业、新业态等9个百亿级新兴产业集群，成为全省战略性新兴产业、未来产业生态集聚区。[2]综改示范区还打造了两个全国规模最大的产业集群（第三代半导体碳化硅产业集群、数据标注产业园）和两个全球规模最大的产业集群（合成生物产业集群、人源化胶原蛋白产业集群）[3]，这些产业集群的建设不仅解决了国内"卡脖子"工程问题，一些产业技术水平还领先世界10年到20年。截至目前，山西已累计开通5G基站16281座，开通率居全国第一方阵。眼下，综改

---

[1]山西日报.山西：向新而生　破茧成蝶[EB/OL].山西省人民政府网，http://www.shanxi.gov.cn/yw/sxyw/202105/t20210515_906695.shtml.2021-05-15.

[2]山西日报.培育新动能，转型蹚新路[EB/OL].山西省人民政府网，http://www.shanxi.gov.cn/yw/sxyw/202105/t20210514_906437.shtml.2021-05-14.

[3]山西日报.培育新动能，转型蹚新路[EB/OL].山西省人民政府网，http://www.shanxi.gov.cn/yw/sxyw/202105/t20210514_906437.shtml.2021-05-14.

示范区正在以全国重要的硬件智造基地、软件生态基地和应用示范基地为目标，打造信创产业生态。百信信创产业基地集合了从显示器、电源到计算机、服务器等信创产业链条上的一大批企业。在软件企业中，高新技术企业有 335 家，超亿元企业 14 家。[1]

山西境内山峦叠嶂，丘陵起伏，沟壑纵横，中部为一列串珠式盆地沉陷，平原分布其间，[2] 地形多样，高低悬殊，为各类农产品的生产提供了相适应的环境。山西坚持把有机旱作农业作为带动现代农业发展的战略性基础性工作，围绕"土、肥、水、种、技、机、绿"重点发力，融合推进耕地质量提升等八大工程，在 4 市 15 县整建制推进封闭示范，创建 120 个示范片，实现了县县有示范、区域有标准、片区有品牌。[3]2019 年和 2020 年我省共投入资金 96 亿元，累计建设高标准农田 440 万亩；探索市场化推进路径，委托大地控股建设高标准农田 200 万亩，同步开展推广测土配方施肥 2.57 亿亩次，完成深松整地 2400 万亩。近年来，我省粮食生产连年丰收，农业综合生产能力稳步提升。2020 年全省粮食产量达到 142.4 亿公斤，亩产 303.4 公斤，总产单产均创历史新高，全省农作物综合机械化水平达到 71.2%。[4] 新晋商借助山西农业发展优势，大胆探索，创新利益联结机制，通过"公司 +""合作社 +""土地入股""金融扶贫""托管经营"等形式，扶贫模式实现多样化，带动特色农产品升级换代，带贫益贫效果日益凸显，积累了农业扶贫的丰富经验。

以农产品精深加工十大产业集群为牵引，我省第一、二、三产业深度融合发展。2020 年，全省农产品加工企业销售收入实现 2186 亿元，农产品精深加工产值达到 820 亿元。山西结合自身区位优势，实施"特""优"战略，着

[1]山西日报.培育新动能，转型蹚新路[EB/OL].山西省人民政府网，http://www.shanxi.gov.cn/yw/sxyw/202105/t20210514_906437.shtml.2021-05-14.

[2]山西省人民政府门户网站.省情概貌[EB/OL].山西省人民政府网，http：//www.shanxi.gov.cn/sq/zlssx/sxgk/202007/t20200724_830266.shtml.2021-02-24

[3] 山西日报 . 实施"特""优"战略 推进乡村振兴 [EB/OL] . 山西省人民政府网，http://www.shanxi.gov.cn/yw/sxyw/202105/t20210514_906441.shtml.2021-05-14.

[4] 山西日报 . 实施"特""优"战略 推进乡村振兴 [EB/OL] . 山西省人民政府网，http://www.shanxi.gov.cn/yw/sxyw/202105/t20210514_906441.shtml.2021-05-14.

力建设"南果中粮北肉"出口平台和"东药材西干果"商贸平台，保障市场有效供给："南果"平台水果出口占全省出口总量的 80% 以上，"中粮"出口平台带动全省杂粮种植面积达到 1342 万亩，"北肉"平台大同国际陆港建成投用，怀仁羔羊肉交易会连续举办三届，交易金额 46 亿元。[1] 截至 2020 年底，全省"三品"（无公害农产品、绿色食品、有机农产品）有效产品达到 5289 个，登记保护农产品地理标志 165 个，位居全国第四。[2]

　　崇山峻岭、千沟万壑的地形条件还在山西孕育了 1000 多种野生药用植物。[3] 由振东集团牵头成立的"山西药茶"产业联盟，依托山西省 1788 种中药材、六大药茶产区以及"山西药茶"省级区域公用品牌逐渐形成"山西药茶"产业集群，药茶加工企业发展到 250 多家、产品 500 多款、专利 300 项，产值超过 5 亿元。[4] 为乡村振兴战略的实施提供了新的支撑。可以说，山西的农业产业发展真正做到了"有特色、有产业、有品牌"，为相对贫困治理积淀了强劲的区位、产业和品牌优势。新晋商与山西农业的"强强联合"，推动山西农业发展从传统走向现代，最根本的是创新和改进了传统农业生产方式，促进了农民生产技术水平的提高，也开拓了农业发展的新视野，为山西农业发展注入了全新的活力。

　　从煤炭产业改革到新兴产业发展，从有机旱作农业建设到农产品精深加工，山西的产业基础逐渐夯实，在产业结构和产业链延伸上都有了新的突破，也为新晋商解决相对贫困问题扫除了思路和技术上的障碍。

[1]山西日报.实施"特""优"战略 推进乡村振兴[EB/OL].山西省人民政府网，http://www.shanxi.gov.cn/yw/sxyw/202105/t20210514_906441.shtml.2021-05-14.

[2]山西新闻网.2020年全省"三品"有效产品达到5289个[EB/OL].山西省人民政府网，http://www.shanxi.gov.cn/yw/sxyw/202102/t20210201_877068.shtml.2021-02-24.

[3]山西省人民政府门户网站.省情概貌[EB/OL].山西省人民政府网，http://www.shanxi.gov.cn/sq/zlssx/sxgk/202007/t20200724_830266.shtml.2021-02-24.

[4]山西日报.实施"特""优"战略 推进乡村振兴[EB/OL].山西省人民政府网，http://www.shanxi.gov.cn/yw/sxyw/202105/t20210514_906441.shtml.2021-05-14.

（三）较为深厚的人才基础

新晋商通过对人才的发掘和培养激发了山西潜藏的人力资源势能，并为绝对贫困和相对贫困的消除和缓解奠定了必要的智力和精神基础。无论是产业扶贫、开发式扶贫，或者是"志智双扶""教育扶贫"，其突出优势都在于能够通过人力资源的开发利用阻断贫困发生的动因，创造长期的社会效益。也正是对人的发展能力的关注才推动了贫困治理的深度发展。

对就业岗位的提供是人力资源的简单应用，将劳动力与相应的工作岗位相匹配，就能使人的劳动产生价值，从而实现人的社会价值和物质价值的双赢。新晋商设立"扶贫车间""社区工厂""卫星工厂""就业驿站"等都是吸纳贫困劳动力就业的重要形式。柳林县煤炭企业、森泽集团等都通过企业外包项目为数以万计的贫困人口解决了就业问题，实现了人员增收；新晋商酒庄、汾阳王酒业、金土地生物有限公司等企业采取定向招聘为农村的剩余劳动力提供就业机会和摆脱贫困的新选择。常言道"一人就业，全家脱贫"，劳动力往往是家庭经济的主要支撑，能够很大程度上改善贫困家庭和贫困人口的生活状况，维持家庭的正常稳定运转，也为个人和家庭的可持续发展提供基本条件。

提高劳动者能力素质则是人力资源更为持续的应用。人的劳动价值不仅体现在其与岗位的匹配度上，更体现在人的学习能力和创造能力上，这是人具有发展能力的本质特征。新晋商与山西省政府将志智双扶融为一体，带动实现了"有志想做、有事可做、有技会做、有钱能做、有人领做"的扶贫路径。比如潞宝集团扶持农户自建肉鸡养殖场的过程中，就选址、建舍、设备选型、设备安装、养殖技术等进行全方位的技术支持，鼓励能人大户带头参与，激发了人才的创业创新活力；浑源县政通有限责任公司、临县湫川丰林现代农业有限公司聘请农业技术专家和高校学者对贫困户进行技术指导和常态化培训，既保障了农业生产的质量，也提高了农民的专业技术能力，实现了从外在帮扶到内生动力的转换。通过鼓励引导、参观学习、专业培训，贫困人员不仅可以掌握工作技术和谋生手段，也能获得融入社会、创造价值的基本素养。

青少年作为未来的劳动者和社会主体的后备力量，其生存发展能力决定了社会的基本趋势和形态。新晋商在参与贫困治理中尤其重视教育和学生的发展，潞宝集团、振东健康产业集团捐资助学，设立专项基金，用于帮助贫困学子的生活和学业；大运九州集团投资建校，建立了大运幼小初三级教育，解决贫困地区的教育资源匮乏问题；全国首家慈善职校——太原慈善职业技术学校的数十年探索则为三晋大地培养了专业的技术人才。正如阿马蒂亚·森所认为的，贫困是"可行能力"的匮乏，当贫困人口拥有适应、生存和发展的基本能力，物质和精神的贫困都将大大地缓解。因此，投资、培养和开发人力资源既充分肯定了人的价值，也必将推动贫困治理向纵深发展。

二、新晋商参与相对贫困治理面临的变化

脱贫摘帽不是终点，而是新生活、新奋斗的起点。2021 年 2 月 25 日全国脱贫攻坚总结大会的召开，正式宣告了脱贫攻坚的胜利和结束，我国已经"完成了消除绝对贫困的艰巨任务"，贫困治理迈入相对贫困治理的新阶段。后扶贫时代，新晋商参与相对贫困治理面临新的内外部环境，贫困状况、政策条件、治理目标和动能都与之前有较大差异。将脱贫攻坚中新晋商参与相对贫困治理的探索经验转换为后扶贫时代新晋商参与相对贫困治理的有效路径，实现新晋商在参与贫困治理中的发展和转型，就必须重新审视新晋商参与相对贫困治理的条件、机遇和挑战。

（一）贫困治理目标的变化

从我国社会主义的本质要求和反贫困的实践来看，实现人的全面发展和全体人民的共同富裕是我国贫困治理的总目标和根本指向，这一点无论是在绝对贫困治理的攻坚阶段还是相对贫困治理的探索阶段，都具有一致性且不可动摇。但就两个不同时期的阶段性目标而言，贫困治理的目标或者说是贫困治理的侧重点还是存在较大差异的。这主要是因为贫困治理对象的变化和我国贫困治理能力的变化。

贫困治理对象的变化在"需求"方面重塑了后扶贫时代的贫困治理目标。就相对贫困群体而言,其已经具备了一定的经济基础、素质能力和思维意识,甚至会自发产生一定的目标要求,因此,相对贫困治理的目标也必定是基于甚至高于其目标的。从宏观来看,这种"高目标"主要表现在对经济发展水平和发展质量的同等重视,对社会发展和个人发展的全面要求,以及对治理动力和治理能力的双重培育。因此,面对相对贫困治理这项复杂、庞大的系统性工程,新晋商必须重新了解、掌握、判断我国相对贫困治理的基本状况,更新升级贫困治理的方法和理念,而不是原有的绝对贫困治理经验的简单重复和延伸。

我国贫困治理能力的提高则在"供给"方面设计了后扶贫时代的贫困治理目标。国家治理能力和治理体系现代化的课题自提出以来就在我国经济社会中的各个方面掀起了研究、总结、探索的热潮,国家治理能力和治理体系的现代化也成为了国家发展和社会治理的重要目标。实现治理的现代化,就是推动治理走出无效和失灵状态,走向科学、系统、有效,实现效率和质量、理论和实践的双赢局面。我国后扶贫时代进行相对贫困治理探索就是要在贫困治理的思路和路径上进行新的拓展,如社会网络建设、户籍制度改革等方面,这些深入、反复的探索变革往往存在一定的风险性,也对新晋商的治理决心、水平和能力提出了更高要求。

(二)贫困治理主体的变化

新晋商参与相对贫困治理面临的首要变化就是贫困治理对象的变化,即贫困地区和贫困人口的基本状况在脱贫攻坚不同阶段产生了差异。简言之,贫困治理的对象从绝对贫困转向了相对贫困。

就贫困的区域分布而言,绝对贫困呈现出明显的区域性特征,如我国的14个集中连片特困地区基本覆盖了全国绝大部分贫困地区和深度贫困群体,绝对贫困现象在农村更为突出;相对贫困在区域分布上却较为模糊,全国各个省份都存在不同程度的相对贫困问题,且不同省份之间相对贫困状况也存在差异,在城乡分布上,城市的相对贫困状况有时更为严重。简言之,相对贫困的区域分布更为分散，也不具有显著的特征，可以说是"遍地开花"，这对新晋商参与相对贫困治理增加了障碍。换言之，新晋商在脱贫攻坚阶段可以通过"精准识别""建档立卡"等方式增加识别手段，推动缓解绝对贫困，在后扶贫阶段则有可能因相对贫困区域特征不明显而增加识别和治理难度。

就贫困人口的基本状况而言，绝对贫困人口处于一种较低的生存状态，"吃、穿、学、衣、房"难以保障，对摆脱贫困、谋求生存的诉求较为强烈，且以物质需求为主；相对贫困人口则处于一种较低的发展状态，在就业、住房、教育、医疗、环境等发展环节较为薄弱，同时要求更好的社会归属感和认同感，是物质与精神的双重需要。此外，相对贫困人口对相对贫困的认知和感受会因自身认识和社会境遇被放大和缩小，这使得相对贫困治理的"原动力"处于波动状态，也使得新晋商参与相对贫困治理容易陷入被动。脱贫攻坚阶段，贫困人口对绝对贫困的感受较为直接和迫切，且大多能够通过经济条件的提高加以改善；后扶贫阶段，不同人群对相对贫困的感知存在差异，同时物质条件的变化有时甚至会加剧相对贫困的状况，在治理过程中需要更大的耐心和耐力。

（三）贫困治理政策条件的变化

进入后扶贫时代，新晋商参与贫困治理的环境发生了变化，这主要体现为贫困治理体系的变化。脱贫攻坚阶段，我国的贫困治理呈现出全局性、运动式的治理特点，构建了跨地区、跨部门、跨单位、全社会共同参与的社会扶贫体系，形成了脱贫攻坚的共同意志、共同行动。在举国同心、合力攻坚的背景下，新晋商热情参与贫困治理，蓬勃开展贫困治理的实践和探索。2021 年 2 月 25 日，国家乡村振兴局正式挂牌，设立 35 年的"国务院扶贫开发领导小组办公室"成为了历史，标志着我国大规模、有计划、有组织的扶贫开发工作已经顺利完成，贫困治理转向精雕细琢、刮垢磨光的治理沉淀阶段。这也意味着，贫困治理体系的样态会随之产生变化，相对贫困治理体系布局如何展开以及民营企业是否能够在有限的政治社会条件下参与到相对贫困治理过程中具有很大的不确定性。

　　贫困治理体系的变化还表现在政策体系的变化。改革开放以来,《国家八七扶贫攻坚计划》《中国农村扶贫开发纲要(2001—2010年)》《中国农村扶贫开发纲要(2011—2020年)》三个纲要性文件明确了我国的扶贫目标和实施机制,推动我国贫困治理的各个阶段前后衔接、接续前进,是绝对贫困治理过程中的"定海神针"。后扶贫阶段,贫困治理转向相对贫困面临的首要问题就是转向何处,以何为纲。城乡协同发展、区域协调发展、乡村振兴以及社会保障体系等方面都是相对贫困治理的重要议题,当缺乏一个提纲挈领的主导性文件,我国的相对贫困治理是呈现百花齐放的峥嵘样态,还是政出多门的情况是难以把握的。新晋商在相对贫困治理的探索阶段是否敢于试水、勇于开拓则是对其治理能力和治理水平的重大考验。

　　简言之,后扶贫时代相对贫困治理的目标不能仅局限于贫困的视角和"摆脱贫困"的治理思维,而应该从人和社会发展的立意出发谋篇布局。这种超脱于贫困问题的治理思维,不仅是相对贫困治理的现实要求,也是相对贫困治理的根本所在。

三、新晋商参与相对贫困治理的路径

　　走过绝对贫困的攻坚期,新晋商重新站在相对贫困治理的起点,面对贫困治理对象、治理环境、治理目标的变化,新晋商如何继续对贫困治理进行探索,如何在后扶贫时代找到自身在国家治理体系和相对贫困治理体系中的准确定位,是其参与贫困治理面临的难题。目前,民营企业参与相对贫困治理还处于起始状态,在此状况下,新晋商投身参与相对贫困的治理过程中要坚持党建引领、强化责任担当、提高治理水平等基本原则,逐步探索形成相对贫困治理的"新晋商方案"。

(一)坚持党建引领新晋商参与相对贫困治理

　　中国共产党具有无比坚强的领导力、组织力、执行力,是团结带领人民攻坚克难、开拓前进最可靠的领导力量。[1] 在我国的政治经济布局中，中国共产党的领导作用是不容忽视的。在全国性的贫困治理过程中，党的领导为脱贫攻坚提供了坚强的政治和组织保证，广泛动员全党全国各族人民以及社会各方面力量共同向贫困宣战。党建令新晋商参与精准扶贫的政治领导、组织凝聚、制度规范、服务保障、舆论导向和社会组织功能在精准扶贫过程中得到了充分运用和发挥。党建引领下新晋商积极参与"光彩事业""万企帮万村"，山西 2516 家民营企业投资 39.4 亿元，帮扶 6222 个村。因此，新晋商参与相对贫困治理也势必在党的引领指导下进行。

一是紧跟党中央对相对贫困治理工作的布局，把握政策方向。2021 年中央一号文件指出，农业农村现代化规划启动实施，脱贫攻坚政策体系和工作机制同乡村振兴有效衔接、平稳过渡，乡村建设行动全面启动。新晋商参与相对贫困治理的首要任务是做好巩固，拓展脱贫攻坚成果，同乡村振兴有效衔接，让脱贫基础更加稳固、成效更可持续。[2] 一方面，这是对新晋商参与绝对贫困治理成果的最终检验，新晋商在脱贫攻坚期间存在的制度问题和实践缺憾在相对贫困治理阶段应当补足和完善，要持续增强贫困地区和贫困人口内生动力，保证贫困治理的可持续性。另一方面，这是新晋商参与相对贫困治理开辟的"新战场"，在乡村振兴战略指导引领下，新晋商可以在促进农业高质高效、乡村宜居宜业、农民富裕富足等方面持续发力，在促进农业农村现代化和乡村建设行动中侧重低收入人口和欠发达地区，为我国相对贫困治理总体设计添砖加瓦。

二是在探索相对贫困治理过程中加强与统战部门的联系，相互学习借鉴。统一战线是社会不同力量在共同利益基础上组成的政治联盟，也是社会不同力量交流互鉴的大平台。新晋商在统一战线的指导下，不仅与执政党建立起了"亲清"政商关系，也与其他社会群体之间形成了共生共荣良好互动关系，

[1] 习近平.在全国脱贫攻坚总结表彰大会上的讲话[EB/OL].新华网，http：//www.xinhuanet.com/politics/leaders/2021-02/25/c_1127140240.htm.2021-02-25.
[2] 习近平.在全国脱贫攻坚总结表彰大会上的讲话[EB/OL].新华网，http：//www.xinhuanet.com/politics/leaders/2021-02/25/c_1127140240.htm.2021-02-25.

可以说统战部门和统一战线是新晋商的有力"朋友圈"。"朋友多了路好走",相对贫困治理的目标符合党和国家的政策要求和社会主义制度的需要,也是统战工作的重要内容,加强与统战部门的联系不仅能够支持党的相对贫困治理事业建设,也能与其他社会群体之间团结合作、学习借鉴,共同实现相对贫困治理目标。借助统战平台团结其他企业,科学设计和推动产业链建设和产业升级,助力更多优质项目落地生根,改善相对贫困地区的经济和社会环境;积极联系统战部门,主动反映在相对贫困治理探索实践中的困惑和问题,并就相对贫困治理提出自己的建设性意见,为改善营商环境建言献策,与统战部门一道凝聚起治理合力,从更为系统的角度推动相对贫困治理的整体进行。

三是完善新晋商内部基层党组织的建设,加强与群众的联系。党的基层组织是党在社会基层组织中的战斗堡垒,是党的全部工作和战斗力的基础。第一,发挥好党组织的凝聚和引导作用:完善党组织的各级网络,规范党组织的建立、运行和监督,补足党务工作的弱项环节,推动党建工作常态化、长效化、规范化、标准化;加强党组织对企业各个部门和各项工作的全面领导,充分发掘和适当扩张党组织的潜在功能,将党建工作与新晋商企业发展相联系,有效发挥党组织对新晋商的引导和塑造作用。第二,重视和发挥好广大党员的先锋作用:吸纳群众中的积极分子,培育后备力量,发展年轻党员,吸引各类人才,保持党组织自身的先进性和群众示范性;深入群众,了解贫困群众的物质和精神需要,对症下药进行有效的相对贫困治理;动员党员发挥突击队和先锋队的作用,带头实践探寻相对贫困的治理之道。只有依靠党的基层组织和广大党员深入了解和回应广大群众在相对贫困治理方面的迫切需求,才能将党的群众路线落到实处,发挥出党建引领下新晋商参与相对贫困治理的优势。

(二)强化新晋商参与相对贫困治理的责任担当

强化新晋商参与相对贫困治理的责任担当,是相对贫困治理和新晋商发展的共同选择。一方面,相对贫困治理是一种更为整体的治理,既需要国家和政府总体布局，更需要多方参与、协作配合。脱离了市场主体的相对贫困治理是低效和不现实的。随着市场经济的蓬勃深入发展，市场主体的力量和影响不断扩大，其在社会发展中的责任也愈发重大。新晋商承担治理责任，积极参与相对贫困治理，推动社会和市场发展，是其作为市场和社会主体的应有责任。另一方面，新晋商参与相对贫困治理也会推动其自身发展。从市场经济短期竞争的角度来看，相对贫困治理似乎会减弱市场主体、消费者甚至劳动者之间的差异性，对企业发展并无明显增益，甚至不甚相关，在相对贫困治理的诸多主体中，民营企业的角色也似乎暂不明朗。但就相对贫困治理的长期目标和效果来看，相对贫困问题的有效治理能够充分激发人的劳动力、创造力、消费活力，同时在企业和社会中都建立起良好的互动网络，不仅能够推动企业自身的发展，而且还能改善企业发展的社会环境，是一种较为理想的发展状态。

就新晋商参与相对贫困治理的区域和范围来看，农村仍然应当成为相对贫困治理的主战场，如脱贫村、易地扶贫搬迁安置村（社区）、乡村振兴重点帮扶县的脱贫村仍然应当成为近期相对贫困治理的重点区域。首先，城乡差距仍然是相对贫困治理中的难题，这个短板补不足，相对贫困治理就仍将处于较低水平。其次，山西以及新晋商作为乡村振兴和农村建设的重要主体，在农业农村发展方面积累了较多经验，有良好的治理基础。清徐、平遥、泽州 3 个县开展农村宅基地制度改革试点。全省集体经济组织折股量化完成率99.5%，农民累计分红 5 亿元。累计培训高素质农民 57 万人次，培育土地托管服务主体 3.2 万个，托管面积达到 1980 万亩。以零上访、零事故、零案件"三零"单位创建为统领，深化法治、德治、自治"三治"融合，全省 2/3 的行政村达到"三零"标准。[1]再次，乡村振兴和农业农村现代化的战略机遇将为新晋商参与相对贫困治理提供现实条件和时代环境。大同灵丘、阳泉郊区、长治长子成为全国乡村治理体系试点县（区），同步开展示范村镇创建。在 1市 10 县开展巩固拓展脱贫攻坚成果同乡村振兴有效衔接试点，从政策、项目

---

[1]山西日报.实施"特""优"战略 推进乡村振兴[EB/OL].山西省人民政府网，http://www.shanxi.gov.cn/yw/sxyw/202105/t20210514_906441.shtml.2021-05-14.

资金、体制机制衔接等方面先行先试。[1]但需要明确的是，以农业农村为重点治理领域，并不意味着忽视城市发展，相反，要在农业农村治理过程中逐步建立一种科学、合理的城乡关系，重新构造城市与乡村的有机联系和统一性。

就新晋商参与相对贫困治理的主要方式来说，完善经营管理仍然是其追求的治理目标之一。企业作为营利性组织和市场主体，获得利润是商业素质和商业道德的基本要求，这是企业区别于政府等其他组织的根本性质，是不容置疑和不能摒弃的。同时，如果企业自身经营管理不够完善健全，必将影响其参与相对贫困治理的过程和效果。此外，新晋商经营管理方式的创新不仅会推进其治理观念的更新，也为相对贫困的治理提供了一定的思路启发。这就要求企业在进行市场活动时将自身建设融入到相对贫困治理的过程。一是紧抓企业发展机遇，顺势而为，推动企业经济社会效益的提高，如可以在乡村振兴、社会福利等领域着重进行治理探索，在缓解区域性的相对贫困的同时实现企业的市场价值。二是对内进行符合相对贫困治理规律的革新，如增强企业内部人员的技能培训和福利保障，将相对贫困治理的理念融入企业文化和制度建设，营造助贫济弱的良好氛围，引导企业员工干部主动融入相对贫困长效治理和企业文化建设，创新贫困治理新模式，推动对人和社会的再发现。三是发挥好晋商学院、振东商学院的人才培养机制，既要培养他们勇担责任，投身相对贫困治理的社会理念，更要培养吸引人才回流，注重关心激励，促进欠发达地区的合理开发。

（三）提高新晋商参与相对治理的能力

新晋商对自身的组织、制度、文化治理要求，反映其治理理念和治理能力目标。如果新晋商不具备治理的诉求和视野，其参与相对贫困治理也就无从谈起。同时，新晋商作为一种社会力量介入和参与相对贫困治理，必将对相对贫困治理的格局和治理体系产生影响。培养治理视角下的宏观视野，不仅能够推动新晋商和相对贫困治理的共赢发展，更能够完善国家治理体系和

---

[1]山西日报.实施"特""优"战略 推进乡村振兴[EB/OL].山西省人民政府网，http://www.shanxi.gov.cn/yw/sxyw/202105/t20210514_906441.shtml.2021-05-14.

提高治理能力。因此，新晋商参与相对贫困治理首先要更新治理观念，主动适应贫困治理的矛盾和任务转换，将相对贫困治理放在国家治理的全局考虑，将自身治理融入到相对贫困治理的过程中，不断提高治理水平。

新晋商作为一类社会组织，是社会治理的重要场所，也是相对贫困治理的延伸场域。一是提升内部治理质量和水平，缓解企业内部相对贫困程度：设立保障部门，按要求按时为员工缴纳社会保险费用，保障员工的基本权益；建立对普通员工及家庭困难员工的专项培训和企业关怀制度，增强其业务能力和企业融入能力；培育企业公正文化，坚持人员考核、提拔、转岗、薪资等制度透明化；注重管理层与基层的交流互动，在制度和流程设计中增强民主环节，鼓励员工参与企业制度和企业决策，增强企业员工的参与感和归属感。只有企业内部的治理水平和质量有了提升，新晋商才拥有参与相对贫困治理的经验和实力。二是发掘员工潜力，重视员工培养，通过提升人员素质夯实相对贫困治理的人力基础。新晋商可以通过产业升级、产业转移推动企业人员的内外流动、岗位流动、行业流动和区域流动，弥合相对贫困治理过程中资源、人才和发展的巨大落差；加强技术创新，推动企业科技化、智能化生产，激励带动员工学习新技术、新技能；鼓励支持员工创新创业创造，分散经营和转型风险，增强风险预防和抵抗能力。相对贫困治理的本质问题是人的差异性和不平等性，因此人力资源的有效利用和充分发掘必将使得相对贫困的状况得到一定程度的缓解。

将新晋商置于相对贫困治理和国家治理现代化背景之下，不难发现，新晋商在治理决心、治理耐力、治理技巧方面都仍有较大的进步空间。首先要明确治理目标，坚定治理决心。新晋商走向治理现代化，意味着企业经验理念和管理方式、制度的改革创新，这需要破釜沉舟的勇气和信念，要勇于刀刃向内，开展自我改革，推动企业资源和力量的系统性整合，推动企业治理走向制度化、法治化和精细化，探索适合本土的相对贫困治理机制。如果仍然延续脱贫攻坚和绝对贫困的治理思路，不仅难以参与相对贫困治理，也会影响企业的长久布局和发展。其次要正确认识治理过程，增强治理耐力。新晋商自身的治理和相对贫困治理都并非一日之功，治理改革越是深入，面临的阻力就越大，治理制度的确立就越是艰难，需要沉下心来、精益求精，不可急迫猛进。如对职业教育的探索和专业的人才的培养要逐步从"提量"到"提质"转变，要提高职业教育的专业水平，"十年磨一剑"，耐心培育技能过硬的"大国工匠"。最后要加强治理实践，提高治理技巧。新晋商参与相对贫困治理要结合企业发展和相对贫困治理的需求，深入相对贫困群体的生活。如新晋商可以借助"山西药茶"和康养产业的发展势头，结合相对贫困治理的多维需求，在健康扶贫领域主动进行探索，突破原有的医疗帮扶的固有思维，在养老产业、生命质量等方面进行创新。只有在新的治理实践中逐步探索，吸取教训和汲取经验，才能实现治理技术创新和突破。

后扶贫时代，贫困治理转型也使得新晋商站在新的历史节点面临着全新的选择。一方面新晋商在绝对贫困治理阶段积累了经验，形成了独特的发展优势，会为其参与相对贫困治理提供基础和助力，另一方面相对贫困治理的对象、环境和要求的改变使其面临难以预测的挑战。新晋商在探索相对贫困治理的路上，既要在勇担社会责任和谋求自身发展之间不断寻求平衡，又要将推动自身经营管理的革新与相对贫困治理的新情况相联系，在变局中孕育生机。这些挑战，不仅考验着新晋商的治理能力，也是民营企业普遍面临的难题，我们期待新晋商能够在相对贫困治理的过程中蹚出一条新路，实现企业市场价值和社会价值的双赢。

后　记

　　本书是山西省晋商文化研究专项课题《新晋商参与精准扶贫的形式与动力研究》（项目编号 JSKTY201912）的成果。课题获批时，中国共产党领导的脱贫攻坚正热火朝天、方兴未艾进行着，这一人类历史上最为壮观的减贫画卷为本书的写作提供了鲜活、生动、丰富的素材，能够以科研形式参与到这一伟大的活动中来，刻画波澜壮阔的减贫英雄史诗，是我们的幸运和荣幸。

　　新晋商是相对于历史上声名远播的传统晋商而言的，他们是我国当代民营企业家的杰出代表，在中华民族从站起来、富起来到强起来的每个阶段，都有他们艰苦奋斗、创新发展的贡献和担当。尤其是在改革开放后的贫困治理中，他们积极响应党的号召，把小我融入大我，表现出伟大的奉献精神和浓烈的爱国主义情怀。"沧海横流，方显英雄本色；青山矗立，不堕凌云之志"，他们不负习近平总书记对企业家的殷殷期望，"企业家要增强爱国情怀、勇于创新、诚信守法、承担社会责任、拓展国际视野"。

　　本书是大家共同努力的成果，全书由冀慧珍确定研究主题，进行总体策划，设计研究框架并整合修订。以下研究人员和同学参加了编写工作，他们是：金平、任贵龙、梁瑾璐、马永峰、雷瑶瑶、薛丽芬。其中，梁瑾璐、马永峰、雷瑶瑶、薛丽芬四位是我的研究生，在课题组的调研和章节撰写中，付出很多辛苦和心血，向他们表示真诚的感谢！

　　感谢山西省晋商文化基金会李茂盛会长和王谨秘书长，他们的信任和大力支持使我可以较为系统地研究新晋商参与贫困治理这一鲜活的时代课题。感谢穆雯瑛教授、石涛教授、张亚兰教授和刘成虎教授，中期考核时他们提出的意见和建议对我的启发很大。

　　感谢山西省委统战部研究室的韩增旺主任、省工商联研究室的郭卫东主任和杨永峰、山西省政协调研和委员工作室信息处武海燕处长，以及振东集团的宋丽莉副总，工作人员宋腾全、陈亚君、宋江水和赵晓娟，中德集团的程田青董事长、工作人员王庆丰等同志，他们不厌其烦为课题组提供了一次次访谈、数据和案例。

感谢山西人民出版社的张慧兵、周小龙编辑，他们的严谨认真保证了本书的顺利出版。

感谢这个伟大的时代和"在最苦的环境中历练成长"的扶贫干部们，你们让中国人民走出了贫困的沼泽。

冀慧珍

2021 年 5 月 11 日

参考文献

一、著作类

[1] 王浦劬，臧雷振．治理理论与实践：经典议题研究新解 [M]．中央编译出版社，2017.

[2] 俞可平．治理与善治 [M]，社会科学文献出版社，2000.

[3] 胡鞍钢．中国国家治理现代化 [M]．中国人民大学出版社，2014.

[4] 周雪光．中国国家治理的制度逻辑：一个组织学研究 [M]．生活·读书·新知三联书店，2017.

[5] 冯仕政．当代中国的社会治理与政治秩序 [M]．中国人民大学出版社：社会学文库，2013.

[6] 林尚立．政治建设与国家成长 [M]．中国大百科全书出版社，2008.

[7] 向德平，刘风，向雪琪．中国减贫行动（1978—2018）[M]．武汉出版社，2018.

[8] 许汉泽．行政治理扶贫：对精准扶贫实践逻辑的案例考察 [M]．社会科学文献出版社，2020.

[9] 林尚立．中国共产党与国家建设 [M]．天津人民出版社，2017.

[10] 周黎安．转型中的地方政府：官员激励与治理 [M]．上海人民出版社，2017.

[11] 燕继荣．投资社会资本——政治发展的一种新维度 [M]．北京大学出版社，2006.

[12] 周雪光，刘世定，折晓叶．国家建设与政府行为 [M]．中国社会科学出版社，2012.

[13]〔印〕阿马蒂亚·森．贫困与饥荒 [M]．王宇，王文玉译．商务印书馆，2001.

[14] 孙立军，张森林．党建和思政工作理论实践研究 [M]．中国文史出版社：

高校德育成果文库 ,2015.

[15] 余少祥 . 弱者的正义：转型社会与社会法问题研究 [M]. 社会科学文献出版社，2011.

[16] 冀慧珍 . 当代中国社会救助权问题研究 [M]. 中央编译出版社，2015.

[17] 夏建中 . 中国城市社区治理结构研究 [M]. 中国人民大学出版社：社会学文库，2011.

[18] 郑志龙，丁辉侠，孙远太，李婉婷 . 基于马克思主义的中国贫困治理制度分析 [M]. 人民出版社，2015.

[19] 胡富国 . 向贫困宣战：如何看中国贫困 [M]. 外文出版社有限责任公司，2019.

[20] 张瑞敏 . 中国共产党反贫困实践研究（1978—2018）[M]. 人民出版社，2019.

[21]〔美〕塞缪尔·P·亨廷顿 . 变化社会中的政治秩序 [M]. 王冠华、刘为等，译 . 上海人民出版社，2008.

[22]〔印〕阿马蒂亚·森 . 以自由看待发展 [M]. 任赜，于真译 . 中国人民大学出版社，2013.

[23] 吴超 . 治理现代化：改革开放以来中国特色社会治理的发展逻辑与进路 [M]. 北京大学出版社，2020.

[24] 周少来，张君，孙莹 . 党政统合与乡村治理：从精准扶贫到乡村振兴的南江经验 [M]. 中国社会科学出版社，2019.

[25] 黄晓东 . 社会资本与政府治理 [M]. 社会科学文献出版社，2011.

[26] 张涛，姚慧芹 . 新时代中国精准扶贫模式与创新路径 [M]. 中国社会科学出版社，2020.

[27] 李健 . 社会企业参与精准扶贫研究 [M]. 中国社会出版社，2019.

[28] 黄承伟 . 脱贫攻坚省级样本：精准扶贫精准脱贫贵州模式研究 [M]. 社会科学文献出版社，2016.

[29] 陆汉文，黄承伟 . 中国精准扶贫发展报告 [M]. 社会科学文献出版社，2016.

[30] 文建龙. 新时代反贫困思想研究 [M]. 社会科学文献出版社，2020.

[31] 刘伟，黎洁. 易地扶贫搬迁与贫困农户可持续生计 [M]. 社会科学文献出版社，2020.

[32] 王灵桂，侯波. 中国共产党贫困治理的实践探索与世界意义 [M]. 中国社会科学出版社，2019.

[33] 邢成举，魏程琳，赵晓峰. 新时代的贫困治理 [M]. 社会科学文献出版社，2019.

[34]《山西推进精准扶贫政策研究》课题组著. 山西推进精准扶贫政策研究 [M]. 中国社会出版社，2015.

[35] 国家行政学院编写组. 中国精准脱贫攻坚十讲 [M]. 人民出版社，2016.

[36] 全国干部培训教材编审指导委员会. 中国共产党历史二十八讲 [M]. 人民出版社，2006.

[37] 唐钧. 中国城市居民贫困线研究 [M]. 上海社会科学院出版社，1998.

[38] 王亚华. 增进公共事务治理：奥斯特罗姆学术探微与应用 [M]. 清华大学出版社，2017.

[39] 许海清. 国家治理体系和治理能力现代化 [M]. 中共中央党校出版社，2013.

[40] 吴美华，于红. 马克思主义党建理论在当代中国的新发展 [M]. 中国人民大学出版社,2013.

[41] 刘益飞. 党建札记 [M]. 江苏人民出版社,2016.

[42] 王西琴，陈秋红. 红色火种：湖南省永州市"党建 + 产业技术扶贫"实践 [M]. 中国人民大学出版社，2018.

[43] 国务院扶贫办政策法规司，国务院扶贫办全国扶贫宣传教育中心. 脱贫攻坚前沿问题研究 [M]. 研究出版社，2019.

[44] 黄承伟. 中国共产党怎样解决贫困问题 [M]. 江西人民出版社，2020.

[45] 孙兆霞，张建，曾芸，王春光等. 贵州党建扶贫 30 年：基于 × 县的

调查研究 [M]. 社会科学文献出版社：社会学编辑部，2016.

[46] 王沪宁. 政治的逻辑：马克思主义政治学原理 [M]. 上海人民出版社，2004.

[47] 〔德〕卡尔·马克思，〔德〕弗里德里希·恩格斯. 马克思恩格斯全集 第 2 卷 [M]. 中共中央马克思恩格斯列宁斯大林著作编译局译. 人民出版社，1957.

[48] 中共中央文献研究室，编. 邓小平年谱（1975—1997）（上）[M]. 中央文献出版社，2004.

[49] 夏建中. 中国城市社区治理结构研究 [M]. 中国人民大学出版社：社会学文库,2011.

[50] 鄢一龙，白钢，章永乐，欧树军，何建宇. 大道之行 [M]. 中国人民大学出版社,2015.

[51] 中共中央马克思恩格斯列宁斯大林著作编译局. 列宁选集 第四卷 [M]. 人民出版社，1995.

[52] 〔苏〕列宁. 列宁专题文集·论无产阶级政党 [M]. 人民出版社，2009.

[53] 〔苏〕列宁. 列宁全集. 第 43 卷 [M]. 中共中央马克思恩格斯列宁斯大林著作编译局译. 人民出版社，1987.

[54] 毛泽东. 毛泽东选集. 第三卷 [M]. 人民出版社，1991.

[55] 中共中央文献研究室. 建国以来重要文献选编 [M]. 中央文献出版社，1993.

[56] 江泽民. 江泽民文选. 第一卷 [M]. 人民出版社，2006.

[57] 江泽民. 江泽民文选. 第二卷 [M]. 人民出版社，2006.

[58] 江泽民. 论社会主义市场经济 [M]. 中央文献出版社，2006.

[59] 邓小平. 邓小平文选. 第三卷 [M]. 人民出版社，1993.

[60] 习近平. 习近平谈治国理政. 第一卷 [M]. 外文出版社，2018.

[61] 习近平. 习近平谈治国理政. 第二卷 [M]. 外文出版社，2017.

[62] 习近平. 习近平谈治国理政. 第三卷 [M]. 外文出版社，2020.

[63] 张瑞敏 . 中国共产党反贫困实践研究 [M]. 人民出版社，2019.

[64] 王能 . 公司治理、企业社会责任履行与公司绩效：基于中国上市公司的理论与实证研究 [M]. 中国财政经济出版社，2019.

[65] 中共中央宣传部 . 习近平新时代中国特色社会主义思想三十讲 [M]. 学习出版社，2018.

[66] 吴修明 . 新晋商新天下 [M]. 山西人民出版社，2012.

[67] Girish Chadha,Ashwin B. Pandya. Water Governance and Management in India[M].2021.

[68] Gabriel Marcella,Orlando J. Pérez,Brian Fonseca. Democracy and Security in Latin America:State Capacity and Governance under Stress[M].Taylor and Francis,2021.

[69] Bjorn Hvinden，Hakan Johansson．Citizenship in Nordic welfare states[M]. Routledge,2007.

二、期刊类

[1] 王浦劬 . 党建与脱贫攻坚互动实践的理论分析 [J]. 中共中央党校 (国家行政学院) 学报 ,2020(6).

[2] 燕继荣 . 制度、政策与效能 : 国家治理探源——兼论中国制度优势及效能转化 [J]. 政治学研究 ,2020(2).

[3] 汪三贵，郭子豪 . 论中国的精准扶贫 [J]. 贵州社会科学 ,2015(5).

[4] 王浦劬 . 党建与脱贫攻坚互动实践的理论分析 [J]. 中共中央党校 (国家行政学院) 学报 ,2020(6).

[5] 左停，杨雨鑫，钟玲 . 精准扶贫：技术靶向、理论解析和现实挑战 [J]. 贵州社会科学，2015(8).

[6] 许汉泽，李小云 . 精准扶贫背景下农村产业扶贫的实践困境——对华北李村产业扶贫项目的考察 [J]. 西北农林科技大学学报 (社会科学版),2017(1).

[7] 仲超，林闽钢 . 中国相对贫困家庭的多维剥夺及其影响因素研究 [J]. 南京农业大学学报（社会科学版）,2020(4).

[8] 李先军，黄速建 . 新中国 70 年企业扶贫历程回顾及其启示 [J]. 贵州社

会科学,2015(5).

[9] 费孝通.论中国小城镇的发展 [J].中国农村经济,1996(3).

[10] 李晚莲,高光涵,黄建红.乡村振兴战略背景下多中心农村贫困治理模式研究——基于粤北 L 村的考察 [J].广西社会科学,2020(10).

[11] 左停,杨雨鑫,钟玲.精准扶贫:技术靶向、理论解析和现实挑战 [J].贵州社会科学,2015(8).

[12] 陆继霞.中国扶贫新实践:民营企业参与精准扶贫的实践、经验与内涵 [J].贵州社会科学,2020(3).

[13] 黄承伟,邹英,刘杰.产业精准扶贫:实践困境和深化路径——兼论产业精准扶贫的印江经验 [J].贵州社会科学,2017(9).

[14] 王介勇,陈玉福,严茂超.我国精准扶贫政策及其创新路径研究 [J].中国科学院院刊,2016(3).

[15] 庄天慧,陈光燕,蓝红星.精准扶贫主体行为逻辑与作用机制研究 [J].广西民族研究,2015(6).

[16] 谢小芹."接点治理":贫困研究中的一个新视野——基于广西圆村"第一书记"扶贫制度的基层实践 [J].公共管理学报,2016(3).

[17] 向德平,向凯.多元与发展:相对贫困的内涵及治理 [J].华中科技大学学报(社会科学版),2020(2).

[18] 吴振磊,王莉.我国相对贫困的内涵特点、现状研判与治理重点 [J].西北大学学报(哲学社会科学版),2020(4).

[19] 郭熙保,罗知.论贫困概念的演进 [J].江西社会科学,2005(11).

[20] 陆汉文,杨永伟.从脱贫攻坚到相对贫困治理:变化与创新 [J].新疆师范大学学报(哲学社会科学版),2020(5).

[21] 林闽钢.相对贫困的理论与政策聚焦——兼论建立我国相对贫困的治理体系 [J].社会保障评论,2020(1).

[22] 于连超,张卫国,毕茜.党组织嵌入与企业社会责任 [J].财经论丛,2019(4).

[23] 吴映雪.精准扶贫的多元协同治理:现状、困境与出路——基层治理

现代化视角下的考察 [J]. 青海社会科学 ,2018(3).

[24] 周常春 , 刘剑锋 , 石振杰 . 贫困县农村治理"内卷化"与参与式扶贫关系研究——来自云南扶贫调查的实证 [J]. 公共管理学报 ,2016(1).

[25] 谢岳 . 中国贫困治理的政治逻辑——兼论对西方福利国家理论的超越 [J]. 中国社会科学 , 2020(10).

[26] 党齐民 . 经济发展新常态下加强非公有制企业党建工作研究 [J]. 理论学刊 , 2017(2).

[27] 黄承伟 , 覃志敏 . 我国农村贫困治理体系演进与精准扶贫 [J]. 开发研究 ,2015(2).

[28] 孙照红 . 新中国成立以来我国贫困治理的历程、特点和趋向 [J]. 中国延安干部学院学报 ,2020(5).

[29] 张琦 , 杨铭宇 , 孔梅 .2020 后相对贫困群体发生机制的探索与思考 [J]. 新视野 , 2020(2).

[30] 左停 , 贺莉 , 刘文婧 . 相对贫困治理理论与中国地方实践经验 [J]. 河海大学学报（哲学社会科学版）, 2019(6).

[31] 高强 , 孔祥智 . 论相对贫困的内涵、特点难点及应对之策 [J]. 新疆师范大学学报（哲学社会科学版）, 2020(3).

[32] 王婴 , 唐钧 . 现代贫困研究：从绝对到相对再到多维 [J]. 河海大学学报（哲学社会科学版）, 2020(6).

[33] 雷明 , 潘昊天 , 姚昕言 . 中国贫困治理实践（1978—2019）——基于瞄准机制演变的分析 [J]. 南宁师范大学学报（哲学社会科学版）,2019(6).

[34] 李步云 , 李林 , 胡云腾 , 程燎原 , 周汉华 , 马怀德 , 付子堂 , 孙笑侠 , 刘作翔 , 李洪雷 , 周尚君 . 全面推进依法治国 迈向法治新时代 [J]. 法学研究 ,2013(2).

[35] 袁明旭 . 发展中国家现代化进程中的政治改革困境及其策略——亨廷顿政治改革思想及其启示 [J]. 思想战线 ,2016(4).

[36] 刘耀东 . 农村社区服务类社会组织参与精准扶贫的理据、困境及推进策略 [J]. 学术研究 , 2020(4).

[37] 王可园，齐卫平．改革开放以来非公有制经济组织党建理论的创新发展 [J]. 党的文献，2019(5).

[38] 隗斌贤．新时代民营经济"两个健康"的理论与实践探索 [J]. 治理研究，2019(2).

[39] 陈成文，李春根．论精准扶贫政策与农村贫困人口需求的契合度 [J]. 山东社会科学，2017(3).

[40] 徐明强，许汉泽．新耦合治理：精准扶贫与基层党建的双重推进 [J]. 西北农林科技大学学报 (社会科学版),2018(3).

[41] 叶兴庆，殷浩栋．从消除绝对贫困到缓解相对贫困：中国减贫历程与2020 年后的减贫战略 [J]. 改革，2019(12).

[42] 王三秀，罗丽娅．国外能力贫困理念的演进、理论逻辑及现实启示 [J]. 长白学刊，2016(5).

[43] 陆汉文，杨永伟．从脱贫攻坚到相对贫困治理：变化与创新 [J]. 新疆师范大学学报（哲学社会科学版），2020(5).

[44] 冀慧珍．获得感：少数民族流动人口城市融入的标尺 [J]. 西南民族大学学报（人文社会科学版）：2021(2).

[45] 王三秀．农村贫困治理模式创新与贫困农民主体性构造 [J]. 毛泽东邓小平理论研究，2012(8).

[46] 冀慧珍，杨雪，我国支出型贫困救助政策的问题与完善路径 [J]. 晋阳学刊，2020(2).

[47] 吕方，梅琳．"复杂政策"与国家治理——基于国家连片开发扶贫项目的讨论 [J]. 社会学研究，2017(3).

[48] 冀慧珍．可持续生计理念下的社会救助政策改革 [J]. 中国行政管理，2002(1).

[49] 蔡德奇，胡献政，龚高健．社会扶贫的意义和机制创新 [J]. 发展研究，2006(10).

[50] 田先红．政党如何引领社会？——后单位时代的基层党组织与社会之间关系分析 [J]. 开放时代，2020(2).

[51] 李颖 . 社会扶贫资源整合的类型及其适应性 [J]. 探索 ,2015(5).

[52] 王永贵 . 弘扬社会主义核心价值观的战略定位、精神实质及着力点——学习习近平总书记关于社会主义核心价值观的重要论述 [J]. 黑龙江高教研究 ,2015(6).

[53] 习近平 : 脱贫攻坚是硬仗中的硬仗 , 必须付出百倍努力 [J]. 中国党政干部论坛 ,2017(11).

[54] 钱再见 . "人心" 与 "力量" : 统一战线的政治使命与治理功能——兼论新时代统一战线工作的着力点 [J]. 南京师大学报 (社会科学版),2018(5).

[55] 张文显 . 新思想引领法治新征程——习近平新时代中国特色社会主义思想对依法治国和法治建设的指导意义 [J]. 法学研究 ,2017(6).

[56] 张文显 . 法治与国家治理现代化 [J]. 中国法学 ,2014(4).

[57] 杜飞进 . 中国现代化的一个全新维度——论国家治理体系和治理能力现代化 [J]. 社会科学研究 ,2014(5).

[58] 郑长忠 . 基层党组织转型 : 走出 "边缘化" 处境的根本出路 [J]. 马克思主义与现实 ,2004(5).

[59] 李鹍 , 叶兴建 . 农村精准扶贫 : 理论基础与实践情势探析——兼论复合型扶贫治理体系的建构 [J]. 福建行政学院学报 ,2015(2).

[60] 邢成举 , 葛志军 . 集中连片扶贫开发 : 宏观状况、理论基础与现实选择——基于中国农村贫困监测及相关成果的分析与思考 [J]. 贵州社会科学 ,2013(5).

[61] 易棉阳 . 论习近平的精准扶贫战略思想 [J]. 贵州社会科学 ,2016(5).

[62] 陈成文 , 王祖霖 . "碎片化" 困境与社会力量扶贫的机制创新 [J]. 中州学刊 ,2017(4).

[63] 王伟光 . 当代中国马克思主义的最新理论成果——习近平新时代中国特色社会主义思想学习体会 [J]. 中国社会科学 ,2017(12).

[64] 范建华 . 乡村振兴战略的理论与实践 [J]. 思想战线 ,2018(3).

[65] 樊友猛 , 谢彦君 . 记忆、展示与凝视 : 乡村文化遗产保护与旅游发展协同研究 [J]. 旅游科学 ,2015(1).

[66] 段龙龙，李杰. 论贫益式增长与包容性增长的内涵及其政策要义 [J]. 改革与战略，2012(2).

[67] 孙业礼. 共同富裕：六十年来几代领导人的探索和追寻 [J]. 党的文献，2010（1）.

[68] 程恩富，刘伟. 社会主义共同富裕的理论解读与实践剖析 [J]. 马克思主义研究，2012(6).

[69] 凌经球. 乡村振兴战略背景下中国贫困治理战略转型探析 [J]. 中央民族大学学报（哲学社会科学版），2019(3).

[70] 檀学文. 走向共同富裕的解决相对贫困思路研究 [J]. 中国农村经济，2020(6).

[71] 张湛彬. 党和国家工作重点转移到经济建设上来的决策 [J]. 当代中国史研究，1999(3).

[72] 冯灵芝. 中国共产党初心使命的百年发展逻辑与历史经验 [J]. 南京社会科学，2020(10).

[73] 黄承伟，覃志敏. 我国农村贫困治理体系演进与精准扶贫 [J]. 开发研究，2015(2).

[74] 王介勇，陈玉福，严茂超. 我国精准扶贫政策及其创新路径研究 [J]. 中国科学院院刊,2016(3).

[75] 何仁伟，李光勤，刘邵权，徐定德，李立娜. 可持续生计视角下中国农村贫困治理研究综述 [J]. 中国人口·资源与环境,2017(11).

[76] 郑志龙. 社会资本与政府反贫困治理策略 [J]. 中国人民大学学报,2007(6).

[77] 祝慧，莫光辉，于泽堃. 农村精准扶贫的实践困境与路径创新探索 [J]. 农业经济,2017(1).

[78] 李俊杰，耿新. 民族地区深度贫困现状及治理路径研究——以"三区三州"为例 [J]. 民族研究,2018(1).

[79] 邢成举，赵晓峰. 论中国农村贫困的转型及其对精准扶贫的挑战 [J]. 学习与实践,2016(7).

[80] 同春芬, 张浩. "互联网+" 精准扶贫: 贫困治理的新模式 [J]. 世界农业,2016(8).

[81] 林闽钢, 陶鹏. 中国贫困治理三十年回顾与前瞻 [J]. 甘肃行政学院学报,2008(6).

[82] 张欣, 池忠军. 反贫困治理结构创新——基于中国扶贫脱贫实践的思考 [J]. 求索,2015(1).

[83] 黄承伟. 习近平扶贫思想论纲 [J]. 福建论坛 (人文社会科学版),2018(1).

[84] 巩前文, 穆向丽, 谷树忠. 扶贫产业开发新思路: 打造跨区域扶贫产业区 [J]. 农业现代化研究,2015(5).

[85] 莫光辉. 绿色减贫: 脱贫攻坚战的生态扶贫价值取向与实现路径——精准扶贫绩效提升机制系列研究之二 [J]. 现代经济探讨,2016(11).

[86] 王刚, 白浩然. 脱贫锦标赛: 地方贫困治理的一个分析框架 [J]. 公共管理学报,2018(1).

[87] 陈建. 文化精准扶贫视阈下的政府公共文化服务堕距问题 [J]. 图书馆论坛,2017(7).

[88] 李刚, 周加来. 中国的城市贫困与治理——基于能力与权利视角的分析 [J]. 城市问题,2009(11).

[89] 李伯华, 陈佳, 刘沛林, 伍瑶, 袁敏, 郑文武. 欠发达地区农户贫困脆弱性评价及其治理策略——以湘西自治州少数民族贫困地区为例 [J]. 中国农学通报,2013(23).